AF282416

Jochen Krueger

raivostua 1.0

eXposts

Bibliografische Information der Deutschen Nationalbibliothek:
Die Deutsche Nationalbibliothek verzeichnet diese Publikation in
der Deutschen Nationalbibliografie; detaillierte bibliografische Daten
sind im Internet über dnb.dnb.de abrufbar.

© 2024 Jochen Krueger

Verlag: BoD · Books on Demand GmbH,

In de Tarpen 42, 22848 Norderstedt

Druck: Libri Plureos GmbH, Friedensallee 273,

22763 Hamburg

ISBN: 978-3-7693-2127-2

Inhalt

VORBEMERKUNGEN..9

DEUTSCHLAND 12

USA 36

OSTEUROPA.. 62

MOBILITÄT... 70

VERSCHIEDENES 84

ZUM SCHLUSS... 93

QUELLEN.. 94

VORBEMERKUNGEN

Für alle, die sich fragen, was mit „raivostua" eigentlich gemeint ist, hier eine kurze Erläuterung: Der Begriff stammt aus dem Finnischen und bedeutet sinngemäß „wütend werden". Es gibt Dinge, Ereignisse, Verhaltensweisen, politische Entscheidungen usw. über die ich mich hin und wieder aufrege. Zur „Frustbewältigung" landeten die Gedanken dazu bisher unregelmäßig bei Twitter oder später bei X. Da ich mich aber vor dem Hintergrund der Nähe des - zum Zeitpunkt der Veröffentlichung dieses Buchs - Inhabers zu einem gewissen Donald T. von dieser Plattform verabschieden möchte, habe ich mir gedacht, ich kopiere meine bisher dort verbreiteten Gedanken in ein Buch, an dem Elon M. nichts verdient. Ich denke, dieser in Südafrika geborene Mensch ist auf meine kostenlose Mitarbeit nicht angewiesen, und meine Posts werden ihn auch sicherlich nicht von dem Trip abbringen können, Herrscher der Welt und des Weltalls werden zu wollen. Hoffentlich bekommt er bei einer passenden Gelegenheit gezeigt, dass man sich doch nicht alles mit Geld erkaufen kann.

Einige der Posts sind – bedingt durch deren Zielgruppe bei X – in Englisch verfasst. Nachträglich ergänzte Übersetzungen sind kursiv abgedruckt.

Anmerkungen und Erläuterungen zu einigen Posts waren erforderlich, da sich an den betreffenden Stellen der Zusammenhang nicht ohne diese erschließen lässt. Ich habe solche ergänzenden Texte eingerückt, damit man sie auch optisch besser von den eigentlichen Kurznachrichten unterscheiden kann.

Das Buch wurde kurzfristig zusammengestellt und hat auch meine Planungen für weitere Buchprojekte etwas über den Haufen geworfen. Die wesentlichen Gründe, die dieses Buch entstehen ließen, sind diese:

Grund 1   Meine zuvor erwähnte „Scheidung" von X.
Grund 2   Die für Februar 2025 angesetzte Neuwahl des Deutschen Bundestages.

Während der kurzfristig eingeschobenen Arbeit an diesem Buchs kam mir dann der Gedanke, dass die Zusammenstellung meiner Aufregerposts ab 2016 auch als eine Art Einführung zu einer Buchreihe geeignet wäre, denn ein weiterer Raivostua-Band, der sich allein mit dem Thema Mobilität befasst. ist schon seit drei Jahren in Arbeit. Ein paar Kleinigkeiten müssen noch angepasst und ergänzt werden.

Einige der hier abgedruckten Kurznachrichten betreffen zur Wahl stehenden Parteien, besonders eine mit einem Parteiprogramm, mit dem man sich besser auseinandersetzen sollte, bevor man sein Kreuz auf dem Wahlzettel an der dafür vorgesehenen Stelle macht. Die jeweiligen Parteiprogramme sind online in der Regel frei zugänglich. Links dazu finden Sie in den Quellenangaben. Mich würde es freuen, wenn sich der ein oder andere Leser meines Machwerks die Mühe machen würde, sich dort umfassend zu informieren … und so manchmal auch zu wundern … oder auch aufzuregen und wütend zu werden.

Das Buch, das sie in diesem Augenblick in Händen halten, versteht sich nicht wirklich als Sach- oder Fachbuch. Sie finden darin einfach nur eine Ansammlung von Gedanken, Ideen, und subjektiven Meinungen, Momentaufnahmen die sich auf die vorgegebene Zeichenzahl von 280 beschränken mussten, was nicht immer ganz einfach war. Gut, mit einem Abonnement hätte sich die Zeichenzahl deutlich erhöhen lassen. aber Abos, besonders dann, wenn ich einen Dienst, für den ich dann bezahlen müsste, zu unregelmäßig nutze, mag ich nicht. Es kann also sein, dass einige meiner Anmerkungen zu einem damals aktuellen Ereignis etwas plakativ und überzogen wirken. Manchmal habe ich Texte über digitale Umwege in Bilder umgewandelt und angehängt. Eine etwas lästige Prozedur, die daher nicht oft zur Anwendung kam. Hier im Buch erscheinen sie als normale Texte.

Jedenfalls stelle ich hiermit meine bisherigen Posts von digital auf analog um. Die Bilder meiner beiden Katzen und der zu zahlreichen Musikinstrumentenzukäufe finden sie hier allerdings nicht. Sie bleiben digital auf Instagramm, Threads, Facebook und auf meiner Festplatte.

Ja, es werden sich Fehler jedweder Form in diesem Buch finden lassen. Bitte seien sie nicht zu kritisch, denn der Zeitrahmen, den ich mir gesetzt hatte, war sehr knapp.

DEUTSCHLAND

Das erste Kapitel beschäftigt sich mit Deutschland, denn hier wohne und arbeite ich, bekomme dadurch eben auch die meisten Neuigkeiten mit, über deren Inhalt sich manchmal gut streiten lässt.

Was sich im Laufe der letzten Jahre in der Parteienlandschaft getan hat, ist schon beängstigend. Dass es mit der FDP eine Partei gibt, die es mit ihren wenig mehrheitsfähigen Vorstellungen immer wieder in Regierungen schafft, um dort Zünglein an der Waage zu spielen, ist nicht neu. Die Köpfe an der Spitze machen aber den Unterschied. Dass man Bündnis 90/Die Grünen immer noch als eine Partei von Chaoten in eine Ecke zu stellen versucht, ist ebenso wenig neu, wie die Linken auch nach 35 Jahren immer noch mit einer DDR-Blockpartei in Verbindung zu bringen.

Neu sind allerdings die Tendenzen, die der AfD eine Präsenz in den Medien und politischen Gremien verschaffen, und die sie trotz ihrer inhaltlichen Nähe zu den Vorgängen vor gut 90 Jahren bei Wählern und Wählerinnen, besonders zuletzt auch bei jungen, zu solch hohen Zustimmungswerten gelangen lässt.

Neu ist auch, dass ein Bündnis um eine Frau herum entstanden ist, die – außer teilweise bedenklicher Aussagen in diversen Medien – noch nichts Produktives zustande gebracht, dafür aber schon ganze Parteien auf dem Gewissen hat.

... dann haben sich die egoistischen Dickköpfe bei der Nicht-Regierungsbildung durchgesetzt. Zum Wohle des Volks war diese Aktion bestimmt nicht. Hoffentlich erinnern sich die Wähler ...

2:32 nachm. · 20. Nov. 2017

Jamaika-Sondierungsgespräche nach der Bundestagswahl 2017

Wenn sich Politiker als "Architekten" von irgendetwas bezeichnen, sollten sie auch die Haftung für ihre Handlungen übernehmen ... wie richtige Architekten.
11:13 vorm. · 22. Nov. 2017

Laut SZ *(Siegener Zeitung)* soll der #Kanzleramtsanbau mit 400 Büros mindestens 460 Mio. € kosten. Laut BKI lägen die Baukosten bei einem gehobenen Standard über den Daumen bei 71 Mio. €. Danach würden 389 Mio. € Steuergelder sinnlos versenkt. Herzlichen Dank!
1:57 nachm. · 28. Jan. 2019

Wenn unsere Politiker weiter Steuergelder für völlig überteuerte und sinnlose Projekte zum Fenster hinauswerfen (z.B. Erweiterung des Kanzleramts und Regierungsterminal), braucht sich niemand zu wundern, dass Wähler in eine "falsche Richtung" abwandern. #bescheidenistbesser
9:34 vorm. · 18. März 2019

Einsparungspotentiale bei MdBs: Zahlung von Rentenbeiträgen nur für die Zeiten im Bundestag in Höhe der Obergrenze für gesetzliche Beiträge; volle Anrechnung von Einkünften bei der Berechnung von Übergangsgeldern. Warum immer nur bei ALG II abziehen?
9:14 vorm. · 25. März 2019

Wenn die Steuerzahler für die Kosten von Fachbehörden aufkommen müssen, dann sollten Politiker, denen diese Fachkompetenz nicht ausreicht, die aus ihrer Sicht erforderlichen Berater gefälligst aus eigener Tasche bezahlen.
10:28 vorm. · 17. Juli 2019

    Hier ging es um horrende Summen, die von Ministerien für externe Berater ausgegeben wurden. Der Zustand hat sich leider nicht verändert, wie ich noch am 30.11.2024 im Radio hören konnte. Warum werden Fachbehörden nicht so besetzt, dass man auf Externe verzichten kann? Wenn die Minister ihren eigenen

Mitarbeitern nicht die notwendige Fachkompetenz zutrauen, scheint es die ein oder andere Fehlbesetzung im Verwaltungsapparat zu geben.

In Deutschland werden ja nur 2% des gesamten CO_2 in die Luft geblasen. Wollten wir pro Kopf genauso "dreckig" sein, wie Chinesen, dann müssten wir den Ausstoß auf 1,72% verringern. "Lustig" - oder? Wenn die USA das versuchen wollten, müssten sie von 13,9% auf 7,01% runter.
4:39 nachm. · 13. Dez. 2019

Der Klimawandel lässt sich doch ganz einfach durch einen nuklearen Winter kompensieren ... ich hoffe jedenfalls nicht, dass das die Idee ist, die hinter dem Handeln eines gewissen Präsidenten steckt.
9:46 vorm. · 7. Jan. 2020

Ist es nicht irgendwie komisch, dass ausgerechnet durch ein Attentat auf einen führenden russischen Oppositionellen ein Wunsch von Trump und einigen anderen US-Politikern in Erfüllung zu gehen scheint, nämlich das Ende von Nord Stream 2?
9:43 vorm. · 10. Sep. 2020

> Der Gift-Anschlag auf Alexej Nawalny wurde in Verbindung mit der Gas-Pipeline Nord Stream 2 gebracht.

Muss man sich wundern, dass die @coronawarnapp nicht so häufig genutzt wird? Eigentlich nicht, denn sie ist nur für aktuelle Betriebssysteme entwickelt worden, und viele Menschen nutzen ihr altes Smartphone mit älterem Betriebssystem, bis es nicht mehr funktioniert.
9:06 vorm. · 11. Dez. 2020

> Die Warn-App lief nur auf Smartphones ab einem bestimmten Betriebssystem, angeblich, weil eine dafür genutzte Bluetooth-Funktion bei älteren Betriebssystemen nicht zur Verfügung stand. Wenn

man schon für viel Geld eine App entwickeln lässt, damit umfassend gewarnt werden kann, müssten eigentlich zwingend Technologien genutzt werden, die es erlauben, möglichst alle Nutzer von Mobiltelefonen bzw. Smartphones entsprechend zu versorgen. Hier rächte sich (wieder), dass die Entwickler bei ihrer Arbeit offensichtlich nicht an ältere Geräte gedacht hatten, weil sie selbst solch alte Modelle nicht mehr nutzen und so ihren Beitrag zu immer mehr Elektroschrott leisten.

n-tv.de: "Das ist die geduldete Entgleisung jeglicher Moral, der Abgesang auf alles, was gutes Trash-TV je ausmachte." #Trash-TV heißt wörtlich übersetzt Müll-Fernsehen. Was hat Müll mit "Moral" und "gut" zu tun? Gibt es etwa guten Hausmüll oder guten Sondermüll?
8:49 vorm. · 14. Apr. 2021

Geheime Wahlen funktionieren anders, Herr Laschet! Ich habe schon oft genug Sonntage im Wahllokal verbracht und auch Wähler darauf hinweisen müssen, dass sie z.B. nicht zu Mehreren in eine Wahlkabine durften. Eine so plumpe Wahlwerbung im Wahllokal habe ich noch nicht erlebt.
4:11 nachm. · 26. Sep. 2021

Armin Laschet hat sich bei der Stimmabgabe zur Bundestagswahl an der Wahlurne filmen lassen. Sein Wahlschein war dabei so gefaltet, dass deutlich erkennbar war, an welcher Stelle er sein Kreuz gemacht hatte.

Ein kleiner Hinweis and die FDP: Nicht immer vor laufenden Kameras erklären, dass die SPD sich daran erinnern solle, dass sie von über 70% der Wähler nicht gewählt worden sei. Besser erst mal an die eigene Nase fassen, denn die FDP wurde von 88,5 % der Wähler nicht gewählt!
9:02 vorm. · 27. Sep. 2021

Jemand, der sich offensichtlich bewusst nicht an die einfachsten Regeln bei der Stimmabgabe hält, sollte kein hohes politisches Amt bekleiden dürfen.

9:04 vorm. · 27. Sep. 2021

Wenn Schnelltests demnächst bezahlt werden müssen, treibt man Menschen, die in Krankenhäusern liegen müssen und Bewohner von Pflegeheimen noch weiter in die Isolation. Wer kann sich dann noch einen Besuch leisten? Daran sollten unsere Entscheidungsträger auch denken!

10:04 nachm. · 21. Juni 2022

Der Beschluss pro kostenpflichtige Schnelltests auch für Besuche in Krankenhäusern und Pflegeheimen lässt sich mit dem ICD-8 Schlüssel 314 schön kurz beschreiben:

„Oligophrenie (310-315)

310	*Grenzbereich der Intelligenz*
311	*Leichter Schwachsinn*
312	*Mäßiger Schwachsinn*
313	*Schwerer Schwachsinn*
314	*Hochgradiger Schwachsinn*
315	*Nicht näher bezeichneter Schwachsinn"*

10:00 vorm. · 29. Juni 2022

Kein Gewerbebetrieb dürfte ohne gesicherte Entsorgung arbeiten. Bei Atomkraftwerken schaut man darüber hinweg. Glaubt man ernsthaft, dass man ein Tausende Jahre stabiles Lager findet? Beton mit einer unverstrahlten Nutzungsdauer von 80-100 Jahren soll sicher sein? Wohl kaum!

8:50 vorm. · 28. Juli 2022

Und immer wieder ploppt die Diskussion um Atomkraftwerke auf. Allein das Fehlen eines Endlagers müsste, wenn man alle Gewerbebetriebe gleich behandeln wollte, als logische Konsequenz dazu führen, dass solche Stromerzeuger nicht in Betrieb gehen dürften. Aber hier zeigt sich wieder der „Fehler" in der Evolution des menschlichen Gehirns.

Konsequenzen, die für eine lange Zeit und eine ferne Zukunft relevant sein könnten, werden kurzfristigen Überlegungen geopfert.

Wenn bei dem Neubau des Kanzleramts für jeden Arbeitsplatz mehr als 1 Mio. € ausgegeben werden sollen, dann ist das schon etwas überzogen. ... sehr überzogen!
1:43 nachm. · 9. Sep. 2022

Eigentlich müssten Hersteller von Feuerwerkskörpern eine Haftpflichtversicherung für Personen-, Sach- und Umweltschäden vorweisen, bevor ihre Produkte verkauft werden dürfen. Es ist eine Zumutung, dass die Kosten, die Raketenmüll verursacht, an den Betroffenen hängen bleiben
9:14 vorm. · 4. Jan. 2023

Bei meinem alljährlichen Spaziergang über das Grundstück meiner Mutter, der dem Einsammeln von Jahreswechselmüll dient, hatte ich einige „schwere Geschütze", also Raketenreste mir recht schweren Holzstöcken gefunden, die, wenn sie auf Menschen oder Sachen treffen, u.U. zu Verletzungen und Schäden führen könnten. Einkleineres Modell hatte in einem vorangegangenen Jahr mein Auto getroffen und eine große Delle hinterlassen. Die Reparatur kostete damals etwa 1.500,-€.

Wirft man Kunststoff-, Holz und Pappreste einfach so in die Gegend, dann ist das illegale Müllentsorgung und mindestens eine Ordnungswidrigkeit. Beim gestreuten Müll von Feuerwerkskörpern scheint das aber keine Rolle zu spielen. Ich wäre auch hier für Gleichberechtigung
9:17 vorm. · 4. Jan. 2023

Ich habe dem Finanzministerium mal vorgeschlagen, die Tierarztkosten für ehemalige Tierheimtiere steuerlich abzugsfähig zu machen. Vielleicht würden sich dann mehr

Leute dafür entscheiden, solchen Tieren ein neues zu Hause zu geben.

8:06 vorm. · 26. Jan. 2023

Am 03.01.2024 hatte ich eine Petition beim Petitionsausschuss des Deutschen Bundestages eingereicht. Meine Begründung war diese:

Vor dem Hintergrund gestiegener Tierarztkosten und zur Entlastung von Tierheimen wäre es wünschenswert, wenn die Kosten für tierärztliche Behandlungen für Tiere, die nachweislich von einem Tierheim übernommen wurden (Übernahmevertrag o.ä.), sowie die Kosten für notwendige Medikamente und Krankenversicherungen steuerlich abzugsfähig würden. Damit könnte ein Anreiz geschaffen werden, Haustieren, die in einem Tierheim untergebracht sind, ein neues Zuhause zu bieten, statt Jungtiere bei einem Züchter zu kaufen oder aus zwielichtigen Quellen zu beziehen. Insbesondere die Vermittlung älterer und/oder chronisch kranker Tiere könnte so deutlich erleichtert werden. Mit einer Entlastung der häufig überfüllten Tierheime würde gleichzeitig eine Reduzierung öffentlicher Ausgaben für solche Einrichtungen erreicht.

Eine abschließende Entscheidung dazu lag mir zum Zeitpunkt der Veröffentlichung dieses Buchs noch nicht vor. Nach dem Ende der Ampelkoalition rechne ich auch nicht mehr mit einem entsprechenden Bescheid.

Unsere lieben Politiktreibenden der Generation Smartphone im Lande und der EU sollten, bevor sie versuchen ältere Menschen weiter ins Abseits zu stellen, immer daran denken, dass sie selbst auch bald - und das schneller, als Ihnen lieb sein wird - zu dieser "Randgruppe" zählen.

10:36 vorm. · 11. März 2023

Bei Maischberger erwähnte @jensspahn u.a. Geothermie als Alternative zur Wärmepumpe. Nur: Für die Nutzung von Erdwärme braucht man i.d.R. eine Wärmepumpe.

Tiefbohrungen machen es noch teurer, man benötigt eine wasserrechtliche Genehmigung und klaut u.U. dem Nachbarn die Wärme.

3:51 nachm. · 18. Mai 2023

Folgt man der Berichterstattung in den Medien seit etwa Oktober 2024, dann scheint sich an Jens Spahns gestörtem Verhältnis zu Wärmepumpen nicht viel geändert zu haben.

Wenn der DFB bei der Vergabe der Trikots mal sozial verantwortlich hätte handeln wollen, hätte er Blindenwerkstätten mit deren Herstellung beauftragen und sich auf die Einnahmen aus der Werbung darauf beschränken können. Aber das $ Zeichen in den Augen verhindert Solches.

11:00 vorm. · 23. März 2024

Der DFB hat den Trikotsponsor gewechselt, von einer deutschen Firma, deren Einrichtungen die Nationalmannschaft immer wieder gerne nutzte, hin zu einer US-Amerikanischen … des Geldes wegen.

Wie wäre es, wenn in Bebauungsplänen für Gewerbegebiete die Fläche pro Arbeitsplatz begrenzt würde? Lagerhallen und Logistikzentren fressen Fläche und schaffen praktisch keine Arbeitsplätze.

2:21 nachm. · 1. Mai 2024

Eine Zwischendurch-Anmerkung, die sich gegen den enormen Flächenverbrauch durch immer neue Logistikzentren wendet.

Das Ergebnis der Europawahl in meinem Heimatort: 24.5 % CDU und 22.6 % AfD, wobei der blaue Balken sehr bedenklich stimmt … und das ist nicht im Osten der Republik, sondern im Osten von Rheinland-Pfalz. Vielleicht sollte ich besser "auswandern".

2:39 nachm. · 10. Juni 2024

Kommunalwahlen in Rheinland-Pfalz

Schon daran gedacht, dass jede Stimme für die AfD für Putin einen weiteren Grund liefert, auch Deutschland entnazifizieren zu "müssen"? Wenn er hier Parteien unterstützt, dann tut er es vor dem Hintergrund seines Großmachtwahns, und nicht, um einem anderen Land zu helfen.

7:41 vorm. · 11. Juni 2024

Sollte nicht eigentlich der Lebensmittelpunkt eines/einer Abgeordneten in dem Land sein, in dem er/sie im Parlament sitzt? Hängt die Definition des Lebensmittelpunkts nicht auch mit Wohnort der Familie zusammen? Wenn die z.B. in der Schweiz lebt ...

8:20 vorm. · 11. Juni 2024

> Eine kurze Erinnerung daran, dass die Kanzlerkandidatin Alice Elisabeth Weidel (AfD) u.a. einen Wohnsitz in der Schweiz hat.

Korruption funktioniert doch so: Partei 1 verspricht Partei 2 Vorteile, wenn Partei 2 eine Entscheidung im Sinne der Partei 1 trifft oder zumindest entsprechend zu beeinflussen versucht. Beispiele: Geld aus Russland => Opferumkehr, Geld der Autoindustrie => kein Tempolimit usw.

8:18 vorm. · 12. Juni 2024

Was die FDP wohl nie verstehen wird: Die Automobilindustrie muss sich (endlich) der Umwelt (natürlich und gebaut) und den Fähigkeiten der Menschen anpassen, nicht umgekehrt. Genial wäre die Firma, die es schafft. Losgelöst von Randbedingungen kann jeder Depp Dinge entwerfen.

9:30 vorm. · 13. Aug. 2024

... und jetzt möchte die FDP anscheinend die Stadtentwicklungen um etwa 60 Jahre zurückwerfen.

9:31 vorm. · 13. Aug. 2024

> Eine Idee der FDP ging durch die Medien: Städte autogerechter gestalten, also mehr und breitere Straßen und mehr Parkplätze, im Prinzip eine

Planungsidee, die aus dem letzten Jahrhundert des vergangenen Jahrtausends stammt.

Der ideale Mensch im Sinne der FDP scheint derjenige zu sein, der sich mit einem Smartphone vor der Nase ohne jede Einschränkung und ohne jede Rücksicht von seinem Auto an jeden beliebigen Ort bewegen lässt. Bloß nicht selbst bewegen und bloß nicht selbst denken.
9:35 vorm. · 13. Aug. 2024

Man könnte fast meinen, dass sich die FDP aus wahltaktischen Gründen in Richtung Putin bewegt. Um das drohende Aus in einigen Bundesländern zu vermeiden, blockiert man dann auch mal die Unterstützung der Ukraine. Krieg interessiert sich aber nicht für ausgeglichene Haushalte.
8:25 vorm. · 19. Aug. 2024

Im Osten der Republik fanden 2024 mehrere Landtagswahlen statt, deren Ergebnisse besonders auch für die FDP weniger positiv ausfielen. Es genügte schließlich doch nicht, auf den von BSW und AfD gestarteten „Friedenszug" aufzuspringen, bei dem es sich - realistisch betrachtet - mehr um einen „Unterwerfungszug" zu handeln scheint.

Personen mit solchen Symptomen sollte man nie in eine politische Führungsposition kommen lassen:
„Narzisstische Persönlichkeitsstörung
Diagnostische Kriterien   F60.81
Ein tiefgreifendes Muster von Großartigkeit (in Fantasie oder Verhalten), Bedürfnis nach Bewunderung und Mangel an Empathie. Der Beginn liegt im frühen Erwachsenenalter, und das Muster zeigt sich in verschiedenen Situationen: Mindestens 5 der folgenden Kriterien müssen erfüllt sein:

1.   *Hat ein grandioses Gefühl der eigenen Wichtigkeit (z.B. übertreibt die eigenen Leistungen und Talente, erwartet, ohne entsprechende Leistungen als überlegen anerkannt zu werden).*

2. *Ist stark eingenommen von Fantasien grenzenlosen Erfolgs, Macht, Glanz, Schönheit oder idealer Liebe.*

3. *Glaubt von sich, „besonders" und einzigartig zu sein und nur von anderen besonderen oder angesehenen Personen (oder Institutionen) verstanden zu werden oder nur mit diesen verkehren zu können.*

4. *Verlangt nach übermäßiger Bewunderung.*

5. *Legt ein Anspruchsdenken an den Tag (d.h. übertriebene Erwartungen an eine besonders bevorzugte Behandlung oder automatisches Eingehen auf die eigenen Erwartungen).*

6. *Ist in zwischenmenschlichen Beziehungen ausbeuterisch (d.h. zieht Nutzen aus anderen, um eigene Ziele zu erreichen).*

7. *Zeigt einen Mangel an Empathie: Ist nicht willens, die Gefühle und Bedürfnisse anderer zu erkennen oder sich mit ihnen zu identifizieren.*

8. *Ist häufig neidisch auf andere oder glaubt, andere seien neidisch auf ihn/sie.*

9. *Zeigt arrogante, überhebliche Verhaltensweisen oder Haltungen."*

10:58 vorm. · 1. Sep. 2024

Wenn jemand den eigenen Namen in eine Parteibezeichnung setzt, wohl um sich ein politisches Denkmal setzen, lässt das tief blicken und wenig Empathie vermuten. Politische Arbeit scheint dann mehr zur Selbstverwirklichung zu verkommen, statt dem Wohl der Allgemeinheit zu dienen.

11:24 vorm. · 1. Sep. 2024

BSW (Bündnis Sahra Wagenknecht), eine personenorientierte politische Bewegung, deren weitere Entwicklung man genau im Auge behalten sollte.

Für mich sind Parteien nicht wählbar, die ein Land einem Ost-Diktator opfern wollen und es dann noch als Friedensmission verkauft. Aber wer von gewissen Geldflüssen profitiert, passt eben auch sein Reden und Handeln entsprechend an.

11:36 vorm. · 1. Sep. 2024

Einfach mal lesen und nachdenken, wieviel Zivilcourage man selbst hätte:

Im Moment wird an manchen Stellen - auch öffentlich - heftig darüber diskutiert, ob alle NSDAP Mitglieder Nazis gewesen seien. Aus der heutigen Sicht eines demokratischen Staates kann man das so sehen. Man könnte aber auch eine differenziertere Herangehensweise wählen, in dem man 2 „Zeitzonen" berücksichtigt, und zwar eine vor der Machtergreifung und eine danach.

Bei den Menschen, die sich vor der Machtergreifung als Mitglieder eingeschrieben haben, kann und muss man davon ausgehen, dass es sich um überzeugte Nazis gehandelt hat, die voll hinter der Ideologie dieser fehlgeleiteten Partei standen und diese auch offensiv vertreten haben.

Bei den Menschen, die nach der Machtergreifung Mitglieder wurden, sollte man vielleicht etwas vorsichtiger sein, denn ab diesem Zeitpunkt spielten wahrscheinlich Gruppenzwang und Angst vor Repressalien eine nicht zu unterschätzende Rolle. Es wird immer noch Menschen gegeben haben, die von der verquerten Naziideologie völlig überzeugt waren und deshalb Mitglieder wurden. Es wird Mitläufer gegeben haben, die zweifelhaften Vorbildern aus dem direkten Umfeld kritiklos nachgelaufen sind, um nicht isoliert und an den Pranger gestellt zu werden. Es wird aber auch solche gegeben haben, die mit ziemlichen Bauchschmerzen den Mitgliedsantrag unterschrieben haben, um sich selbst und ihre Familien zu schützen. Einige davon werden später auf tragische Weise gemerkt haben, dass dieser Schritt nicht den gewünschten Effekt hatte, besonders dann nicht, wenn der Stammbaum nicht den Vorgaben der Partei entsprach.

In jedem diktatorischen Staat wird es Menschen geben, die Mitglieder der Partei des Despoten sind, um nicht aufzufallen, um nicht drangsaliert zu werden, manchmal auch, um einfach nur zu überleben.

Ich gehe mal davon aus, dass die SED-Mitglieder auch nicht alle treue „Parteisoldaten" waren, sondern dass es für Einige nur ein Mittel zum Zweck war, ein nicht mit voller Überzeugung getaner Schritt, sondern vielmehr ein Baustein einer Überlebensstrategie.

Jeder sollte sich fragen, wieviel Leid er oder sie zu tragen bereit ist, wenn es in einer Diktatur ums persönliche Überleben geht. Nicht jeder ist so standfest, u.U. sein Leben für eine freie Gesellschaft zu opfern.

Was ich als kritisch bzgl. der AfD ansehe: Wir befinden uns (noch) in einer Zeit vor deren „Machtergreifung", also in einer Zeit, in der davon auszugehen ist, dass nur überzeugte Leute zu Parteimitgliedern werden. **Lässt man sie gewähren und unterstützt sie bei freien Wahlen mit den zur Verfügung stehenden Stimmen, dann sind wir hier in Deutschland sehr schnell (wieder) in der Situation wie nach 1933, dann ist die im Moment existierende Demokratie tatsächlich in Gefahr, dann greift der Rassismus noch weiter um sich, dann ist es vorbei mit einer freien Meinungsäußerung.**

Der Mensch ist leider nicht in der Lage besonders langfristig zu denken, und so kommt es, dass er allzu oft die Spätfolgen seines Tuns nicht überblickt. Sei es beim Klimaschutz, bei der Atomenergie … oder eben bei der Stimmabgabe im Wahllokal. Was kurzfristig als Protestwahl gedacht war, kann sich langfristig zur gesellschaftlichen Katastrophe entwickeln … eben wie vor knapp 100 Jahren. Daher: NIE Nazis und erwiesene Rechtsextreme wählen, auch wenn deren politische Aushängeschilder noch so viel Kreide gefressen haben.

12:23 nachm. · 5. Sep. 2024

Betrachtet man das von Frau Weidel privat gelebte Familienmodell, so erscheint es doch sehr konträr zu dem von ihrer Partei propagierten (s. AfD Wahlprogramme). Drastisch und überspitzt formuliert: Sie als Co-Vorsitzende der AfD ist so, als wäre der Papst ein Moslem.

9:16 vorm. · 7. Sep. 2024

Vielleicht sollten sich insbesondere junge Wähler mal mit dem Grundsatzprogramm der AfD auseinandersetzen (s.u. zum Thema Familie) und sehen, ob es zu ihrer Zukunftsplanung passt, bevor sie ihr ihre Stimme geben.

„...

6.1 Bekenntnis zur traditionellen Familie als Leitbild

Die Wertschätzung für die traditionelle Familie geht in Deutschland zunehmend verloren. Den Bedürfnissen der Kinder und Eltern gerecht zu werden, muss wieder Mittelpunkt der Familienpolitik werden.

Die zunehmende Übernahme der Erziehungsaufgabe durch staatliche Institutionen wie Krippen und Ganztagsschulen, die Umsetzung des „Gender-Mainstreaming"-Projekts und die generelle Betonung der Individualität untergraben die Familie als wertegebende gesellschaftliche Grundeinheit. Die Wirtschaft will Frauen als Arbeitskraft. Ein falsch verstandener Feminismus schätzt einseitig Frauen im Erwerbsleben, nicht aber Frauen, die „nur" Mutter und Hausfrau sind. Diese erfahren häufig geringere Anerkennung und werden finanziell benachteiligt.

Die Alternative für Deutschland bekennt sich zur traditionellen Familie als Leitbild. Ehe und Familie stehen unter dem besonderen Schutz des Grundgesetzes. In der Familie sorgen Mutter und Vater in dauerhafter gemeinsamer Verantwortung für ihre Kinder. Die originären Bedürfnisse der Kinder, die Zeit und Zuwendung ihrer Eltern brauchen, stehen dabei im Mittelpunkt.

Es sollte wieder erstrebenswert sein, eine Ehe einzugehen, Kinder zu erziehen und möglichst viel Zeit mit diesen zu verbringen. Die AfD möchte eine gesellschaftliche Wertediskussion zur Stärkung der Elternrolle und gegen die vom „Gender-Mainstreaming" propagierte Stigmatisierung traditioneller Geschlechterrollen anstoßen. Kinder sind kein karrierehemmender Ballast, sondern unsere Zukunft. Wenn ein Elternteil die Erziehungsleistung allein tragen muss, bedarf es besonderer Unterstützung.

6.2 Mehr Kinder statt Masseneinwanderung

Den demografischen Fehlentwicklungen in Deutschland muss entgegengewirkt werden. Die volkswirtschaftlich nicht tragfähige und konfliktträchtige Masseneinwanderung ist dafür kein geeignetes Mittel. Vielmehr muss mittels einer aktivierenden Familienpolitik eine höhere Geburtenrate der einheimischen Bevölkerung als mittel- und langfristig einzig tragfähige Lösung erreicht werden.
…"

Aus:
„Programm für Deutschland.
Das Grundsatzprogramm der Alternative für Deutschland
…
Beschlossen auf dem Bundesparteitag
in Stuttgart am 30.04./01.05.2016"
<u>10:10 vorm. · 7. Sep. 2024</u>

Im Programm zur Landtagswahl in Brandenburg 2024 findet man finanzielle Förderungswünsche der AfD, die man schon fast als „Wurfprämie" bezeichnen kann:

„Wir wollen Familien mit unterdurchschnittlichem Einkommen finanziell entlasten und Mut zu Kindern machen. Daher werden wir schrittweise ein Familiengeld in angemessener Höhe einführen, um so Eltern die Möglichkeit zu geben, frei von finanziellen Zwängen zwischen Berufstätigkeit und Erwerbspause zu entscheiden.

Zudem wird es mit uns weitere konkrete Fördermaßnahmen, wie die Einführung zinsfreier Familiendarlehen in Höhe von 25.000 Euro mit Teilerlass für jedes Kind sowie einem Kompletterlass ab dem dritten Kind, geben. In der DDR wurde diese Form der Familienförderung sehr erfolgreich betrieben. Die mit der Tilgung des Familiendarlehens verbundenen Risiken wollen wir mittels familienfreundlicher Rückzahlungsmodalitäten senken."

Bei einer weiteren Idee geht es noch um *„die vollständige steuerliche Absetzbarkeit von kinderbezogenen Ausgaben".* Die Kosten für Kinder würden so komplett verstaatlicht. Woher das Geld zur Umsetzung kommen soll, bleibt offen. In gewisser Weise versucht die AfD so, Frauen wieder zu Hausfrauen zu degradieren. Das war's dann mit der Gleichberechtigung.

Frauen im gebärfähigen Alter sollten sich wirklich sehr gut überlegen, ob sie ihr Kreuz bei der AfD machen sollten, denn diese Partei will laut Programm durch eine Erhöhung der Geburtenzahlen deutscher Kinder den demografischen Wandel ausbremsen und Migration verhindern.
12:48 nachm. · 8. Sep. 2024

Mit dem kurzfristigen Denken der meisten Politiker von Wahl zu Wahl lassen sich die Probleme der heutigen Zeit nicht lösen, sondern nur deren Auswirkungen verschlimmern.
12:52 nachm. · 8. Sep. 2024

Wie definiert die AfD eigentlich "einheimische Bevölkerung"? Zählen dazu alle mit deutschem Pass, oder nur solche ohne Migrationshintergrund? Mit letzterem wären wir dann wieder bei dem Rassenwahn der NSDAP. Nach wie vielen Generationen gehört man zur einheimischen Bevölkerung?
9:11 vorm. · 10. Sep. 2024

Wie wäre es denn, wenn man Frau Weidel an der Grenze bei der Einreise von der Schweiz nach Deutschland zurückweisen würde?
10:39 vorm. · 10. Sep. 2024

... und wenn Frau Weidel mit ihren Hetzreden genügend Chaos in Deutschland angerichtet hat, dann geht sie entspannt nach Hause in die Schweiz zu ihrer Frau und schaut sich genüsslich aus der Ferne ihr Werk an.
10:02 vorm. · 11. Sep. 2024

Es ist schon schlimm genug, wenn Alte Naive die AfD wählen. Dass sich aber junge Menschen mit ihrer Stimme für eine Denkweise aus dem letzten Jahrtausend entscheiden, kann ich nicht nachvollziehen. Eigentlich sollte man doch aus Fehlern der Vergangenheit lernen, besonders hier.
1:54 nachm. · 14. Sep. 2024

„Besonders hier" bezieht sich auf Deutschland, denn das „3. Reich" müsste eigentlich abschreckend genug sein. Besonders ältere Generationen sind mit den Konsequenzen dieser geschichtlichen Periode aufgewachsen. Warum scheint es so, als würden ausgerechnet solche Leute und die, die nie erlebt haben, was Krieg und dessen Folgen bedeuten können, eine Partei wählen, die in Teilen ähnliches Gedankengut vertritt und wieder Realität werden lassen möchte?

Es lohnt sich, das Wahlprogramm der AfD Brandenburg zu lesen. Eine Forderung, um Wähler, die es u.a. wegen körperlicher Defizite nicht ins Wahllokal schaffen, von der Wahl auszuschließen, zeigt dieser Ausschnitt:
„...
Die Briefwahl muss abgeschafft werden
Die Briefwahlquoten steigen seit Jahren immer weiter. Dies ist verfassungsrechtlich jedoch hoch bedenklich. Nicht nur ist die Briefwahl durch das wochenlange Lagern der abgegebenen Stimmen in

den Ämtern viel anfälliger für etwaige Manipulationen, sie beein-
trächtigt auch massiv die Gleichheit der Wahl, da die Bürger nicht
mehr am selben Tag wählen und so neue Sachlagen nicht mehr be-
rücksichtigt werden können. Auch betreutes Ankreuzen, beispiels-
weise in Seniorenheimen, wird durch die Briefwahl erleichtert. Des-
halb hatte das Bundesverfassungsgericht in der Vergangenheit
auch geurteilt, dass die Briefwahl ein Ausnahmefall sein muss. Wir
lehnen die grundlose Briefwahl strikt ab. Wählern, die am Wahltag
daran gehindert sind, das Wahllokal
aufzusuchen, wollen wir mithilfe mobiler Wahllokale die Stimmab-
gabe ermöglichen."
Aus:
„Es ist Zeit für eine andere Politik.
Regierungsprogramm für Brandenburg
der Alternative für Deutschland für die
Landtagswahl in Brandenburg 2024"
9:13 vorm. · 19. Sep. 2024

Der Finanzminister sollte besser mal darauf achten, dass bei
öffentlichen Bauvorhaben nicht immer maximale Aus-
baustandards vorgesehen werden, statt Kosten durch die
Vergabe von Aufträgen an Firmen sparen zu wollen, die ihren Mitarbeitern keine auskömmlichen Löhne bezahlen.
1:16 nachm. · 19. Sep. 2024

Die AfD in einer Regierung bedeutet das "Aus für Demokratie".
8:31 vorm. · 27. Sep. 2024

Kurz zum Thema Atomenergie: Kein Unternehmen darf den
Betrieb aufnehmen, wenn die Müllentsorgung nicht geklärt
ist. ... und Stahl und Beton als "Verpackung" bieten auch
keine Sicherheit. Wie man z.B. an Brücken sieht, ist deren
Halbwertszeit im Vergleich zum Atommüll sehr gering.
8:36 vorm. · 27. Sep. 2024

Was Sahra Wagenknecht so äußert, bedeutet, dass sich Inva-
sionen lohnen, dass sich Angriffskriege lohnen ... wenn sie

von Russland angezettelt werden. Eine sehr seltsame Einstellung, die sie schier endlos in den Medien verbreiten darf.
5:24 nachm. · 28. Sep. 2024

Was würde wohl geschehen, wenn man Herrn Höcke ähnlich viel Sendezeit zugestehen würde wie Frau Wagenknecht? Mehr Desinformation und gefährliches Gedankengut könnte man kaum verbreiten.
10:11 vorm. · 30. Sep. 2024

Wenn Merz und Söder es mit ihrer Hetze schaffen, die Grünen aus noch mehr Parlamenten zu befördern, dann legen sie es darauf an, immer öfter mit BSW oder AfD koalieren zu müssen, wenn sie an die Macht wollen. Gut für unsere Demokratie ist das ganz bestimmt nicht.
10:20 vorm. · 30. Sep. 2024

Die AfD möchte laut Grundsatzprogramm den öffentlich-rechtlichen Rundfunk zum Bezahlfernsehen mit begrenztem Programmumfang umfunktionieren. Auch eine Möglichkeit, unbequeme Berichterstattung zu unterdrücken. Unabhängiger Journalismus geht aber anders!
10:48 vorm. · 30. Sep. 2024

Frau #Wagenknecht sollte mit dem, was sie immer wieder gegen die deutsche Politik äußert, etwas vorsichtiger sein, denn sie liefert im Moment ihrem geliebten Putin die Gründe, irgendwann seine Raketen von Kaliningrad nach Deutschland zu "verlegen", denn er muss es ja "befreien".
8:09 vorm. · 1. Okt. 2024

Vorsicht überspitze Formulierung: Erst ergaunert sich das BSW über die Liste der Linken die Sitze im Bundestag, und jetzt will man dem hoch verehrten Diktator Putin unter dem Deckmäntelchen Friedenspartei die halbe Ukraine schenken. Moralisch sehr bedenklich!
12:28 nachm. · 1. Okt. 2024

Will man Migration verhindern, dann muss man etwas gegen die Ursachen tun, wie z.B. Armut, Kriege, steigende Meeresspiegel, sich ausdehnende Wüsten ... Wenn Politiker ihr Handeln nur an Umfragen und Wahlperioden orientieren, dann werden immer mehr Menschen nach Norden drängen.
12:27 nachm. · 13. Okt. 2024

Wenn Herr Merz bei Caren Miosga den Unterschied zwischen 100% und 95% mit 1% angibt, würde er wohl in Mathe nicht die beste Note bekommen. Nebenbei: Ich kenne keine Handwerker oder Mittelständler, die nicht zu den 95% zählen würden, die die SPD steuerlich entlasten möchte.
8:33 vorm. · 14. Okt. 2024

Selbst wenn der maximale EK-Steuersatz auf 60% für besonders "Reiche" angehoben würde, entstünde dadurch eher ein mentales als ein existentielles Problem, denn sogar mit einem geringen sechsstelligen monatlichen Nettoeinkommen kann man hier in Deutschland recht gut überleben.
8:38 vorm. · 14. Okt. 2024

Mir graut es vor dem Tag, an dem Leute wie Philipp Amthor Regierungsverantwortung übernehmen ... mal ganz abgesehen von der AfD.
12:31 nachm. · 15. Okt. 2024

Nochmal kurz zu der von der AfD geforderten Abschaffung der Briefwahl und mobilen Wahllokalen: Will man - wie Putin - die Wahlscheine vor den Augen einschüchternder Wahlhelfer ausfüllen lassen ... oder mit mobilen Wahllokalen nur genehme Ort anfahren. Da ist Briefwahl sicherer!
10:39 vorm. · 18. Okt. 2024

Vielleicht sollte Frau Wagenknecht bei all ihren Friedensforderungen auch darüber reden, welche diplomatischen Bemühungen es gegeben hat, um Putins Einmarsch in die Ukraine

zu verhindern. Sie müsste endlich kapieren, dass ihrem Idol Putin an diplomatischen Lösungen nichts liegt.
2:15 nachm. · 21. Okt. 2024

Solange Frau Wagenknecht und ihre BSW-Mitstreiter nicht deutlich dafür eintreten, dass auch russische Raketen von den Grenzen zu NATO-Ländern abgezogen werden, ist deren Friedensgerede reine Heuchelei.
2:19 nachm. · 21. Okt. 2024

Kurzfristige betriebswirtschaftliche Überlegungen führten nach China. Langfristig bedeutet dies aber das Aus für die, die diesen Schritt gegangen sind, wie man schon heute immer mehr beobachten kann ... und dafür darf man dann keinen Wirtschaftsminister verantwortlich machen.
9:59 vorm. · 27. Okt. 2024

> Es war doch schon vor Jahrzehnten bekannt, dass Chinese gerne kopieren und von der Einhaltung von Patenten nicht viel halten. Wenn man sich eine solche Konkurrenz aus rein betriebswirtschaftlichen und kurzfristigen Überlegungen selbst aufbaut, muss man sich nicht wundern, dass die Umsätze in einem solchen Land in den Keller gehen, wenn die Unternehmen des „Gastlandes" genug gelernt haben. Ich war von ungefähr 20 Jahren in China und konnte mich schon damals des Eindrucks nicht erwehren, dass internationale Kooperationen gesucht wurden, aber nur zum eigenen Vorteil. Ich gehe immer noch fest davon aus, dass Kosten auf alle beteiligten Parteien verteilt worden wären, Gewinne aber nicht.

Wie würde Frau Wagenknecht wohl reagieren, wenn die USA in Cuba einmarschieren würden? Würde sie dann den USA einen Teil des überfallenen Landes ... oder auch das ganze Land ... schenken wollen, oder würde sie Russlands Reaktion darauf bedingungslos unterstützen?

Wohl das Wunschbild der AfD (aus "Die andere Möglichkeit" von Erich Kästner, 1930):

„…
Die Frauen müssten Kinder werfen,
ein Kind im Jahre. Oder Haft.
Der Staat braucht Kinder als Konserven.
Und Blut schmeckt ihm wie Himbeersaft.
…"
10:41 vorm. · 2. Nov. 2024

Eigentlich wäre es gut, wenn die Bundestagswahl jetzt so stattfinden würde, dass beim Amtsantritt von Donald Trump eine neue Regierung stehen würde.
8:00 vorm. · 7. Nov. 2024

Viele in der FDP stehen leider nur für eine individuelle Freiheit, die aber an ihre Grenzen stoßen sollte, wenn es um die Existenz anderer geht. Aber das scheint keine Rolle zu spielen. Und das Parteiprogramm ist sehr wichtig … bis hinein in die kleinsten politischen Gremien.
9:33 vorm. · 7. Nov. 2024

> Ich war einmal vor langer Zeit Mitglied des Ortsbeirats meines Heimatortes. Die Zusammenarbeit aller Parteien funktionierte wirklich gut. Irgendwann scherte ein Mitglied der FDP aus und glaubte, auch in diesem sehr überschaubaren Gremium müsse „große Politik" gemacht werden, die sich am Parteiprogramm orientierte.

Wenn jetzt von einer Wiedereinführung der Kernenergie in Deutschland gesprochen wird (z.B. von der AfD), hier ein kleines Zahlenbeispiel: Der Müll strahlt für die nächsten ca. 335 Generationen, eine Hülle aus Beton und Stahl hält vielleicht 3. … und wo war noch ein "Endlager"?
9:43 nachm. · 7. Nov. 2024

Grüne Wirtschaftspolitik möchte die Energieversorgung - und damit auch die Betriebe - langfristig zukunftsfähig machen, und nicht nur für eine Wahlperiode.
9:47 nachm. · 7. Nov. 2024

Jeder Sch.... wird in der EU angeglichen, nur bei Verkehrsregeln kocht jedes Land weiter sein eigenes Süppchen, besonders Deutschland mit der Weigerung ein Tempolimit auf Autobahnen einzuführen. Nur dem Ego Einzelner nützt es, wenn weiterhin ohne Limit gerast werden darf.
10:15 vorm. · 8. Nov. 2024

Wenn es noch mehrheitsfähige Gesetzesvorlagen im Bundestag gibt, dann sollte man kurzfristig darüber abstimmen, und nicht erst in 60 Tagen nach einer Neuwahl. Wenn man das nicht tut, braucht sich niemand über irgendwelche Verzögerungen zu beschweren.
11:32 vorm. · 8. Nov. 2024

Einmal angenommen Frau Weidel würde tatsächlich Bundeskanzlerin: Eine lesbische Frau mit ausländischer Partnerin, deren private Lebensführung so gar nicht dem Programm der eigenen Partei bzgl. Familie und Migranten entspricht, würde Deutschland repräsentieren. Kaum glaubwürdig.
1:33 nachm. · 8. Nov. 2024

Wie wäre es, wenn man den Fraktionszwang aussetzt, um dem Bundestag zur Entscheidung schon vorliegende Beschlussvorlagen noch abwickeln zu können, bevor es zu Neuwahlen kommt? Dann würde deutlich, ob die Abgeordneten zum Wohl des Volkes oder nur zu dem der Parteien handeln.
2:51 nachm. · 8. Nov. 2024

Die FDP kann es anscheinend kaum erwarten aus dem Bundestag gewählt zu werden.

BSW und AfD werden wohl nie verstehen, welchem irren "Giftzwerg" sie freie Bahn für seine Eroberungskriege gewähren? Einen nachhaltigen Frieden erreichen sie jedenfalls nicht durch diese Unterwerfungshaltung, bahnen aber den Weg für weitere seiner menschenverachtenden Feldzüge.
9:13 vorm. · 20. Nov. 2024

Was Putins Vorgehen in der Ukraine sehr deutlich zeigt: Eine dezentrale Energieversorgung ist extrem wichtig.
7:08 vorm. · 29. Nov. 2024

Wenn Frau Wagenknecht so sehr an einem Frieden in der Ukraine interessiert wäre, würde sie ohne Unterlass auf ihr Idol Putin einreden, um ihn davon zu überzeugen, die Angriffe zu unterlassen und die Truppen abzuziehen. Aber dann würde man sehen, dass sie keinen Einfluss hat.
8:06 vorm. · 29. Nov. 2024

USA

Warum bekommen die USA ein eigenes Kapitel in diesem Buch? Eigentlich ist es kein Kapitel über die USA im Allgemeinen, sondern vielmehr geht es um jemanden, der einen weniger positiven Eindruck hinterlässt. Zunmindest bei mir. Ich bin mit dem Mietwagen schon oft in den USA unterwegs gewesen. Die Landschaft hat mich immer beeindruckt, besonders die im Westen. Aber ansonsten? Ja, ich habe dort auch einige wenige Freunde, aber was sich dort im Vorfeld von Wahlen ereignet und zu welchen Ergebnissen diese führen, ist mit etwas Abstand betrachtet - vorsichtig ausgedrückt - erschreckend.

Might it be possible that the "elected" President of the USA lives in a world far away from mine? What does he know about real life?
Ist es möglich, dass der „gewählte" Präsident der USA in einer Welt lebt, die weit von meiner entfernt ist? Was weiß er vom wirklichen Leben?
3:43 nachm. · 17. Dez. 2016

Now the members of the electoral college are responsible too for all the chaos that will happen in our world after January 20th 2017.
Nun sind auch die Mitglieder des Wahlkollegiums für all das Chaos verantwortlich, das nach dem 20. Januar 2017 in unserer Welt herrschen wird.
12:30 nachm. · 20. Dez. 2016

Maybe many people in the USA who vote for Trump begin to realize that he is losing contact to them. He will be the President for the rich.
Vielleicht merken viele Menschen in den USA, die Trump wählen, dass er den Kontakt zu ihnen verliert. Er wird der Präsident der Reichen sein.
9:56 vorm. · 22. Dez. 2016

I'm sure I am as qualified to be the boss of Trump's companies as he is to be President of the USA.

Ich bin überzeugt, dass ich für die Position des Chefs von Trumps Unternehmen ebenso qualifiziert bin wie er für das Amt des Präsidenten der USA.

9:57 vorm. · 22. Dez. 2016

A POTUS should learn that he's president and not a king! Even for him it's not legal to act against the existing laws.

Ein POTUS sollte lernen, dass er Präsident und kein König ist! Selbst für ihn ist es nicht legal, gegen die bestehenden Gesetze zu verstoßen.

9:38 vorm. · 6. Feb. 2017

The Big Lebowski" for president ... ;-)

9:16 vorm. · 31. Juli 2017

Might it be that some US citizens forget that they are all immigrants or descendants of immigrants ... except the Native Americans.

Vielleicht vergessen manche US-Bürger, dass sie alle Einwanderer oder Nachkommen von Einwanderern sind ... mit Ausnahme der amerikanischen Ureinwohner.

9:58 vorm. · 6. Sep. 2017

If the grandson of Mr Drumpf from Germany (yes, an immigrant ... maybe a little bit illegal at that time) keeps on working on his "America first", the USA might become very lonely in the world one day ;-)

Wenn der Enkel von Herrn Drumpf aus Deutschland (ja, ein Immigrant ... vielleicht damals noch ein bisschen illegal) weiterhin an seinem "America first"-Prinzip arbeitet, könnten die USA eines Tages sehr einsam auf der Welt sein ;-)

11:44 vorm. · 19. Juli 2018

Trump asked: "Is there anything better to celebrate than the end of a war, ..?" My answer is yes! Never start any war and never be the reason for the beginning of one.

Trump fragte: „Gibt es etwas Besseres zu feiern als das Ende eines Krieges, …?" Meine Antwort ist ja! Beginnen Sie niemals einen Krieg und seien Sie niemals der Grund für den Beginn eines Krieges.

4:23 nachm. · 11. Nov. 2018

It seems as if there's a president who doesn't understand very easy things of doing business: no order = no payment, delivery without an order = no payment

Es scheint, als ob es einen Präsidenten gibt, der die ganz einfachen Dinge des Geschäftslebens nicht versteht: keine Bestellung = keine Zahlung, Lieferung ohne Bestellung = keine Zahlung

5:38 nachm. · 4. Jan. 2019

Dear Mr. Trump, if you keep on acting like you do in these days and did for the last months, you don't need to build a wall. Nobody will like to go to the US anymore. But then it won't be "America first" but "America alone".

Lieber Herr Trump, wenn Sie so weitermachen wie in diesen Tagen und in den letzten Monaten, brauchen Sie keine Mauer zu bauen. Niemand wird mehr gerne in die USA reisen. Aber dann heißt es nicht mehr "America first", sondern "America einsam".

9:01 vorm. · 15. März 2019

This Is What Happens When a Narcissist Runs a Crisis
https://nyti.ms/2xWe4VN
8:22 nachm. · 6. Apr. 2020

Whenever the majority of votes isn't enough to win an election, you are living in a fake democracy.

Wenn die Stimmenmehrheit nicht ausreicht, um eine Wahl zu gewinnen, leben wir in einer Scheindemokratie.

6:22 vorm. · 2. Nov. 2020

Frage: Ab welchem politischen Amt hat die Meinungsfreiheit mehr Gewicht, als die Sicherheit der Allgemeinheit? Darf z.B. jeder (Fast-) Diktator im Rahmen der Meinungsfreiheit Lügen verbreiten und seine Anhänger quasi zum Aufstand aufrufen, ohne dass es für ihn Konsequenzen hat?
9:16 vorm. · 12. Jan. 2021

How to misuse power: Talk about "law and order" and pardon family members and friends.
So missbraucht man Macht: Reden Sie über „Recht und Ordnung" und begnadigen Sie Familienmitglieder und Freunde.
10:20 vorm. · 20. Jan. 2021

Trump seems to follow Orwell's 1984 and acts almost like the people who work for Big Brother's Records Department, which belongs to the "Ministry of Truth": If he doesn't like history, he just rewrites it, replaces it ...
Trump scheint sich an Orwells „1984" zu orientieren und verhält sich fast wie die Leute, die für die Big Brother Records Department arbeiten, die dem „Ministerium für Wahrheit" untersteht: Wenn ihm die Geschichte nicht gefällt, schreibt er sie einfach um, ersetzt sie ...
3:02 nachm. · 2. Feb. 2021

To all the "Christians" who gave their vote to Trump's people: Read Matthew 21:12-13 and be sure that they have been some of those who were driven out of the temple.
An alle „Christen", die Trumps Leuten ihre Stimme gegeben haben: Lesen Sie Matthäus 21:12-13 und seien Sie sicher, dass sie zu denen gehörten, die aus dem Tempel vertrieben wurden.
7:36 vorm. · 9. Nov. 2022

The way you live your life is much more important than keep on telling others what you believe in.
Die Art und Weise, wie Sie Ihr Leben führen, ist viel wichtiger, als anderen ständig zu erzählen, woran Sie glauben.
7:58 vorm. · 9. Nov. 2022

How many of the Ten Commandments does politicians have to ignore before "Christians" stop voting for them? ... at least one or all of them? Remember: One says: "You shall not bear false witness against your neighbor".

Wie viele der Zehn Gebote müssen Politiker ignorieren, bevor „Christen" aufhören, für sie zu stimmen? ... mindestens eines oder alle davon? Denken Sie daran: Eins sagt: „Du sollst nicht falsch Zeugnis reden wider deinen Nächsten."

8:42 vorm. · 9. Nov. 2022

Each vote for Trump and his people delivers one more reason for Putin to fight Nazis.

Jede Stimme für Trump und seine Leute liefert für Putin einen weiteren Grund, die Nazis zu bekämpfen.

8:44 vorm. · 9. Nov. 2022

It's hard to believe that people in the US still vote for Trump, for a guy who adores dictators. If you wanna live in a political system that's equal to those in Russia, China and North Korea, then keep on voting for him. Each vote for Trump brings the world closer to WW3!

Es ist kaum zu glauben, dass die Menschen in den USA immer noch für Trump stimmen, einen Mann, der Diktatoren verehrt. Wenn Sie in einem politischen System leben wollen, das denen in Russland, China und Nordkorea ebenbürtig ist, dann wählen Sie ihn weiterhin. Jede Stimme für Trump bringt die Welt dem 3. Weltkrieg näher!

10:03 vorm. · 24. Jan. 2024

The way Trump reads the bible: Matthew 22,39 says "You shall love your neighbor as yourself". Trump: I love myself, so I'm a good guy, and all my neighbors have to love me. ... I really find no explanation why christians vote for someone who ignores what's written in the bible.

So liest Trump die Bibel: In Matthäus 22,39 heißt es: „Du sollst deinen Nächsten lieben wie dich selbst." Trump: „Ich liebe mich

selbst, also bin ich ein guter Mensch, und alle meine Nächsten müssen mich lieben." ... Ich finde wirklich keine Erklärung dafür, warum Christen jemanden wählen, der ignoriert, was in der Bibel steht.
<u>12:56 nachm. · 28. Jan. 2024</u>

From a distance the behavior of the GOP seems to be very "strange". Do they really wanna destroy the reputation of the US for to please Trump? Forget about "law and order". If you mention this ever again it's nothing but a bad joke. Remember: You are supporting a criminal!
Aus der Ferne erscheint das Verhalten der GOP sehr „seltsam". Wollen sie wirklich den Ruf der USA zerstören, um Trump zu gefallen? Vergessen Sie „Recht und Ordnung". Wenn Sie das jemals wieder erwähnen, ist es nichts weiter als ein schlechter Witz. Denken Sie daran: Sie unterstützen einen Kriminellen!
<u>9:48 vorm. · 9. Feb. 2024</u>

The second amendment of the constitution of the USA was enacted in 1789. Why should anybody be allowed to "keep and bear Arms" which are more powerful than those which were available at that time? Plus: "Keep and bear" doesn't mean "use", especially not for self protection.
Der zweite Zusatzartikel zur Verfassung der USA wurde 1789 verabschiedet. Warum sollte es irgendjemandem erlaubt sein, „Waffen zu besitzen und zu tragen", die leitungsfähiger sind als die, die damals erhältlich waren? Außerdem: „Besitzen und Tragen" bedeutet nicht „Verwendung", insbesondere nicht zur Selbstverteidigung.
<u>2:12 nachm. · 9. Feb. 2024</u>

To all the christians in the US who wanna vote for Trump: What about Exodus 20, especially 14 - 17? Are you too blind to see what he did and still does for all of his life? He did adultery. He gives false testimony. He covets everything that isn't his ... even the presidency.

An alle Christen in den USA, die Trump wählen wollen: Was ist mit Exodus 20, insbesondere 14-17? Seid ihr zu blind, um zu sehen, was er getan hat und sein ganzes Leben lang immer noch tut? Er hat Ehebruch begangen. Er legt falsche Zeugenaussagen ab. Er begehrt alles, was ihm nicht gehört ... sogar die Präsidentschaft.
11:00 vorm. · 10. Feb. 2024

What Trump said about NATO lately reminds me of Mafia and racketeering. Maybe that was his way to do business all his life ... and still is. I really cannot understand why people in the USA wanna have a "Mafia Boss" for president ... again.
Was Trump in letzter Zeit über die NATO gesagt hat, erinnert mich an die Mafia und organisierte Kriminalität. Vielleicht war das sein Leben lang seine Art, Geschäfte zu machen ... und ist es immer noch. Ich kann wirklich nicht verstehen, warum die Leute in den USA einen „Mafia-Boss" zum Präsidenten haben wollen ... schon wieder.
10:11 vorm. · 12. Feb. 2024

If Trump gets immunity and becomes the next president of the US, there will be many American Nawalnys. All his critics will be gone ... sooner or later. Is that really what the GOP wants the USA to be? Ok, maybe the people who support Trump don't even know who Nawalny was.
Wenn Trump Immunität erhält und der nächste Präsident der USA wird, wird es viele amerikanische Nawalnys geben. Alle seine Kritiker werden weg sein ... früher oder später. Ist es wirklich das, was die GOP für die USA will? Ok, vielleicht wissen die Leute, die Trump unterstützen, nicht einmal, wer Nawalny war.
3:16 nachm. · 17. Feb. 2024

All christians in the USA who are thinking about giving their vote to Trump should keep in mind that with Trump as next president of the US the revelation might come earlier than it is GOD's plan. If that happens, don't blame others.
Alle Christen in den USA, die darüber nachdenken, Trump ihre Stimme zu geben, sollten bedenken, dass mit Trump als nächstem

Präsidenten der USA die Offenbarung früher kommen könnte, als es Gottes Plan ist. Wenn das passiert, geben Sie nicht anderen die Schuld.
11:41 vorm. · 25. Feb. 2024

Always keep in mind: Trump's "wealth" is based upon a criminal family tradition ... and Russian money. Does someone really want a president who depends on Russia?
Denken Sie immer daran: Trumps „Reichtum" basiert auf einer kriminellen Familientradition … und russischem Geld. Will jemand wirklich einen Präsidenten, der von Russland abhängig ist?
11:49 vorm. · 25. Feb. 2024

Trump as president will be responsible for the death of so many kids. Why are so many people wasting their thoughts on abortion? First you should think about the living conditions of kids ... not only in the USA.
Trump wird als Präsident für den Tod so vieler Kinder verantwortlich sein. Warum verschwenden so viele Menschen ihre Gedanken an Abtreibung? Zuerst sollten Sie an die Lebensbedingungen von Kindern denken ... nicht nur in den USA.
12:07 nachm. · 25. Feb. 2024

To make the life of kids better in the whole world means that the living conditions of their parents will be better too. Result: Less migration.
Wenn das Leben der Kinder auf der ganzen Welt besser wird, bedeutet das, dass auch die Lebensbedingungen ihrer Eltern besser werden. Ergebnis: weniger Migration.
12:27 nachm. · 25. Feb. 2024

Trump said that he'll be able to end the war in Ukraine within 24 hours. Maybe he's right because Putin will die of laughter as soon as he'll get to know that the voters in the US were stupid enough to make his puppet president again.
Trump sagte, er könne den Krieg in der Ukraine innerhalb von 24 Stunden beenden. Vielleicht hat er recht, denn Putin wird sich

totlachen, sobald er erfährt, dass die Wähler in den USA dumm genug waren, seine Marionette wieder zum Präsidenten zu machen.
9:59 vorm. · 3. März 2024

I know that many people in the USA are not interested in history and in what's going on in the world. But: After WW 2 the US, the UK and France made Germany a free country again. After losing WW 3 who might help the USA? China and Russia. No freedom anymore. Future made by Trump
Ich weiß, dass sich viele Menschen in den USA nicht für Geschichte und das Weltgeschehen interessieren. Aber: Nach dem Zweiten Weltkrieg haben die USA, Großbritannien und Frankreich Deutschland wieder zu einem freien Land gemacht. Wer könnte den USA nach dem verlorenen Dritten Weltkrieg helfen? China und Russland. Keine Freiheit mehr. Zukunft kreiert von Trump
10:57 vorm. · 3. März 2024

Voting for Trump is nothing else than throwing the Constitution of the United States of America on history's dump.
Für Trump zu stimmen, wäre nichts anderes, als die Verfassung der Vereinigten Staaten von Amerika auf die Müllhalde der Geschichte zu werfen.
12:21 nachm. · 8. März 2024

All the people who will vote for Trump in November should keep in mind that this might be their last vote for many many years.
Alle, die im November für Trump stimmen, sollten bedenken, dass dies für viele, viele Jahre ihre letzte Stimme sein könnte.
12:54 vorm. · 15. März 2024

What about John 2 13-16? I'm quite sure that Trump would have been one of the money-changers. Have a look at how he and his dad and his grandfather made their money. Will you really vote for such a cheat? ... not to mention all the other crimes.

Und was ist mit Johannes 2, 13-16? Ich bin ziemlich sicher, dass Trump einer dieser Geldwechsler gewesen wäre. Sehen Sie sich an, wie er, sein Vater und sein Großvater ihr Geld verdient haben. Werden Sie wirklich für einen solchen Betrüger stimmen? ... ganz zu schweigen von all den anderen Verbrechen.
11:00 vorm. · 16. März 2024

It seems as if Elon Musk decided to support Trump, so I decided never to buy a Tesla. I don't like to give money to someone who supports a wannabe dictator and cheat.
Es scheint, als hätte Elon Musk beschlossen, Trump zu unterstützen, also habe ich beschlossen, nie einen Tesla zu kaufen. Ich gebe nicht gerne Geld an jemanden, der einen Möchtegern-Diktator und Betrüger unterstützt.
3:04 nachm. · 16. März 2024

Trump didn't care about his brother. Why do you think he will care about US citizens who are not useful for him personally?
Trump kümmerte sich nicht um seinen Bruder. Warum sollte er sich Ihrer Meinung nach um US-Bürger kümmern, die ihm persönlich nichts nützen?
8:18 vorm. · 22. März 2024

It seems as if the wanna be dictator and mafia like boss already "bought" the majority of the supreme court. As I mentioned before: There will be many Nawalnys if Trump becomes president again. Just forget about the constitution of the USA. Now it is nothing but garbage.
Es scheint, als hätte der Möchtegern-Diktator und mafiaähnliche Boss bereits die Mehrheit des Obersten Gerichtshofs „gekauft". Wie ich bereits erwähnte: Es wird viele Nawalnys geben, wenn Trump wieder Präsident wird. Vergessen Sie einfach die Verfassung der USA. Jetzt ist sie nichts als Müll.
12:47 vorm. · 4. Juli 2024

"... Trump falsely claimed to have found gold on a plot of land, which allowed him to seize control of some prime estate without actually paying for it. ... Trump never worked his claim but instead built a boarding house." ("The Truth about Trump" by Michael D'Antonio)

"... Trump behauptete fälschlicherweise, er habe auf einem Grundstück Gold gefunden, was es ihm ermöglichte, die Kontrolle über ein erstklassiges Anwesen zu übernehmen, ohne tatsächlich dafür zu bezahlen. ... Trump nutzte seinen Anspruch nie, sondern baute stattdessen ein Bordell." („Die Wahrheit über Trump" von Michael D'Antonio)

<ins>8:56 vorm. · 15. Aug. 2024</ins>

Fraud seems to be "family business" since the first Trump put his feet on the ground in the USA.

Betrug scheint ein „Familiengeschäft" zu sein, seit der erste Trump in den USA Fuß fasste.

<ins>9:26 vorm. · 15. Aug. 2024</ins>

Sorry, but which kind of cognitive disorder is Elon Musk suffering on? What he says in these days becomes more and more stupid.

Entschuldigung, aber an welcher kognitiven Störung leidet Elon Musk? Was er heutzutage sagt, wird immer dümmer.

<ins>3:38 nachm. · 20. Aug. 2024</ins>

That's Trump (301.81 DSM-IV-TR / F60.81 DSM-5):
"Diagnostiv criteria for 301.81 Narcissistic personality disorder

A pervasive pattern of grandiosity (in fantasy or behavior), need for admiration, and lack of empathy. The onset is in early adulthood, and the pattern is evident in a variety of situations: At least 5 of the following criteria must be met:

    1. Has a grandiose sense of self-importance (e.g., exaggerates own achievements and talents, expects to be recognized as superior without commensurate achievements).

2. *Is highly preoccupied with fantasies of unlimited success, power, splendor, beauty, or ideal love.*
3. *Believes self to be "special" and unique and to be understood or associated only with other special or respected persons (or institutions).*
4. *Demands excessive admiration.*
5. *Displays an entitlement mentality (i.e., excessive expectations of special treatment or automatic compliance with one's own expectations).*
6. *Is exploitative in interpersonal relationships (i.e., takes advantage of others to achieve one's own goals).*
7. *Shows a lack of empathy: Is unwilling to recognize or identify with the feelings and needs of others.*
8. *Is often jealous of others or believes that others are jealous of him/her.*
9. *Displays arrogant, superior behaviors or attitudes."*

J.D. Vance in "Hillbilly Elegy": "Public policy can help, but there is no government that can fix these problems for us" (p. 255). Why will he become Vice President at all? I'm sure that he and Trump will not even try to fix any of the working- and middle class problems.

JD Vance in „Hillbilly Elegy": „Die öffentliche Politik kann helfen, aber es gibt keine Regierung, die diese Probleme für uns lösen kann" (S. 255). Warum sollte er überhaupt Vizepräsident werden? Ich bin sicher, dass er und Trump nicht einmal versuchen werden, die Probleme der Arbeiter- und Mittelschicht zu lösen.

Elon Musk seems to become Trump's richest parrot. What he posts here on his X reminds me of echolalia.

Elon Musk scheint Trumps reichster Papagei zu werden. Was er hier auf seinem X postet, erinnert mich an Echolalie.

Maybe this here is one of the problems of J.D. Vance and at least some of Trump's fans (DSM-IV):

"Diagnostic criteria for 297.3 Shared Psychotic Disorder

A. A delusion develops in an individual in the context of a close relationship with another person(s), who has an already-established delusion.

B. The delusion is similar in context of that of the person who already has the established delusion.

C. The dirsturbance is not better accounted for by another Psychotic Disorder (e.g., Schizophrenia) or a Mood Disorder With Psychotic Features and is not due to the direct physiological effects of a substance (e.g., a drug of abuse, a medication) or a general medical condition."

Vielleicht ist dies hier eines der Probleme von J.D. Vance und zumindest einigen von Trumps Fans (DSM-IV):

„Diagnosekriterien für 297.3 Gemeinsame psychotische Störung

A. *Ein Wahn entwickelt sich bei einer Person im Rahmen einer engen Beziehung zu einer anderen Person, die bereits einen Wahn hat.*

B. *Der Wahn ist im Kontext dem der Person ähnlich, die bereits den Wahn hat.*

C. *Die Störung kann nicht besser durch eine andere psychotische Störung (z. B. Schizophrenie) oder eine Stimmungsstörung mit psychotischen Merkmalen erklärt werden und ist nicht auf die direkten physiologischen Auswirkungen einer Substanz (z. B. einer Droge, eines Medikaments) oder eines allgemeinen medizinischen Zustands zurückzuführen."*

7:57 vorm. · 1. Okt. 2024

Dear voters in the USA, if you don't like immigrants, you shouldn't give your vote to Trump, whose grandpa immigrated to the US (when he was too young) because he didn't like to join the army in Germany. Trump's wife is an immigrant. Elon Musk is an immigrant from South Africa.

Liebe Wähler in den USA, wenn Sie Einwanderer nicht mögen, sollten Sie nicht Trump wählen, dessen Großvater (als er zu jung war) in die USA eingewandert ist, weil er nicht zur Armee in Deutschland gehen wollte. Trumps Frau ist eine Immigrantin. Elon Musk ist ein Einwanderer aus Südafrika.
10:06 nachm. · 8. Okt. 2024

The way of life of the rich people kills more kids all over the world than abortion can ever do.
Der Lebensstil der Reichen tötet weltweit mehr Kinder als Abtreibungen es jemals kann.
8:36 vorm. · 9. Okt. 2024

I never thought that some US voters are stupid enough to think that politicians are able to change the weather. All people together have an impact on the weather by wasting energy. Global warming and climate change are nothing but nature's reaction on mankind's misbehavior.
Ich hätte nie gedacht, dass einige US-Wähler dumm genug sind, zu glauben, Politiker könnten das Wetter ändern. Alle Menschen zusammen beeinflussen das Wetter, indem sie Energie verschwenden. Die globale Erwärmung und der Klimawandel sind nichts anderes als die Reaktion der Natur auf das Fehlverhalten der Menschheit.
12:52 nachm. · 13. Okt. 2024

It seems as if Elon Musk likes to produce "pedestrian killer cars" with very sharp edges. Just have a look at the Cybertruck and the Cybercab.
Es scheint, als würde Elon Musk gerne „Fußgänger-Killerautos" mit sehr scharfen Kanten produzieren. Schauen Sie sich nur den Cybertruck und das Cybercab an.
1:15 nachm. · 13. Okt. 2024

If you wanna live your life like many people in many countries in South America, vote for Trump. I'm sure that it'll reduce the number of migrants, if life in the USA won't be better than in the own corrupt country.

Wenn Sie Ihr Leben wie viele Menschen in vielen Ländern Süd-
amerikas leben möchten, wählen Sie Trump. Ich bin sicher, dass es
die Zahl der Migranten verringern wird, wenn das Leben in den
USA nicht besser ist als in Ihrem eigenen korrupten Land.
<u>9:05 vorm. · 16. Okt. 2024</u>

Donald Trump needs to understand and accept one simple
thing: Elections are not like a deal. Their results are about the
same as those of sports events. They will not change by wait-
ing. There's nothing to negotiate. If you lost, you lost. End of
discussion. That's democracy!
Donald Trump muss eine einfache Sache verstehen und akzeptie-
ren: Wahlen sind kein Deal. Ihre Ergebnisse sind ungefähr diesel-
ben wie die von Sportereignissen. Sie werden sich nicht ändern,
wenn man abwartet. Es gibt nichts zu verhandeln. Wenn man ver-
liert, hat man verloren. Ende der Diskussion. Das ist Demokratie!
<u>10:00 vorm. · 18. Okt. 2024</u>

All those christians who wanna vote for Trump should think
about what's written in the Ten Commandments, because
Trump seems to think that he is even more than God and
some of you seem to bow down to him.
„Exodus 20
The Ten Commandments: 20:1-17
1 Then God spoke all these words:
2 I am the LORD your God, who brought you out of the land
of Egypt, out of the house of slavery.3 You shall have no other
gods before me. 4 You shall not make for yourself an idol or
any likeness of anything in heaven above or on the earth be-
neath or in the water under the earth. 5 You shall not bow
down to them or serve them. For I am the LORD your God, a
jealous God, visiting the iniquity of the fathers on the child-
ren to the third and fourth generation of those who hate me.
6 But I will show mercy to thousands of those who love me
and keep my commandments.

7 You shall not misuse the name of the LORD your God, for the LORD will not hold anyone guiltless who misuses his name.

8 Remember the Sabbath, to keep it holy. 9 Six days you may labor and do all your work. 10 The seventh day is a day of rest to the LORD your God; on it you shall do no work: you, your son, your daughter, your male and female servant, your livestock, or your stranger who is within your gates. 11 For in six days the LORD made heaven and earth, the sea, and all that is in them; and on the seventh day he rested. Therefore the LORD blessed the Sabbath and made it holy.

12 Honor your father and your mother, so that you may live long on the land the LORD your God is giving you.

13 You shall not murder.

14 You shall not commit adultery.

15 You shall not steal.

16 You shall not bear false witness against your neighbor.

17 You shall not covet your neighbor's house. You shall not covet your neighbor's wife, or his male or female slave, or his ox or donkey, or anything that belongs to your neighbor."

Alle Christen, die für Trump stimmen wollen, sollten darüber nachdenken, was in den Zehn Geboten steht, denn Trump scheint zu glauben, er sei mehr als Gott, und einige von Ihnen scheinen sich vor ihm zu verneigen.

„Exodus 20

Die Zehn Gebote: 20,1–17

1 Dann sprach Gott alle diese Worte:

2 Ich bin der HERR, dein Gott, der dich aus dem Land Ägypten geführt hat, aus dem Sklavenhaus. 3 Du sollst neben mir keine anderen Götter haben. 4 Du sollst dir kein Kultbild machen und keine Gestalt von irgendetwas am Himmel droben, auf der Erde unten oder im Wasser unter der Erde. 5 Du sollst dich nicht vor ihnen niederwerfen und ihnen nicht dienen. Denn ich bin der HERR, dein Gott, ein eifersüchtiger Gott: Ich suche die Schuld der Väter an den Kindern heim, an der dritten und vierten Generation, bei denen, die

*mich hassen; 6doch ich erweise Tausenden meine Huld bei denen,
die mich lieben und meine Gebote bewahren.*

*7 Du sollst den Namen des HERRN, deines Gottes, nicht missbrau-
chen; denn der HERR lässt den nicht ungestraft, der seinen Namen
missbraucht.*

*8 Gedenke des Sabbats: Halte ihn heilig! 9Sechs Tage darfst du
schaffen und all deine Arbeit tun. 10Der siebte Tag ist ein Ruhetag,
dem HERRN, deinem Gott, geweiht. An ihm darfst du keine Arbeit
tun: du und dein Sohn und deine Tochter, dein Sklave und deine
Sklavin und dein Vieh und dein Fremder in deinen Toren. 11 Denn
in sechs Tagen hat der HERR Himmel, Erde und Meer gemacht
und alles, was dazugehört; am siebten Tag ruhte er. Darum hat der
HERR den Sabbat gesegnet und ihn geheiligt.*

*12 Ehre deinen Vater und deine Mutter, damit du lange lebst in
dem Land, das der HERR, dein Gott, dir gibt!*

13 Du sollst nicht töten.

14 Du sollst nicht die Ehe brechen.

15 Du sollst nicht stehlen.

16 Du sollst nicht falsch gegen deinen Nächsten aussagen.

*17 Du sollst nicht das Haus deines Nächsten begehren. Du sollst
nicht die Frau deines Nächsten begehren, nicht seinen Sklaven oder
seine Sklavin, sein Rind oder seinen Esel oder irgendetwas, das deinem Nächsten gehört.“*

11:34 vorm. · 25. Okt. 2024

If you vote for Trump, you vote for all these people with their
weird thoughts who are backing him and who'll make the
rules for your future in a then non democratic state. Will that
be a great America? I don't think so. It'll be a Russia 2.0.

*Wenn Sie Trump wählen, wählen Sie all diese Leute mit ihren selt-
samen Gedanken, die ihn unterstützen und die Regeln für Ihre Zukunft in einem dann nicht mehr demokratischen Staat festlegen.
Wird das ein großartiges Amerika sein? Ich glaube nicht. Es wird
ein Russland 2.0.*

11:50 vorm. · 27. Okt. 2024

If you wanna know how the USA will be if Trump becomes president again, just read Orwell's 1984. That gives you an impression on how your future will be. If you don't want it like that, don't vote for Trump!

Wenn Sie wissen möchten, wie die USA aussehen werden, wenn Trump erneut Präsident wird, lesen Sie einfach Orwells 1984. Das gibt Ihnen eine Vorstellung davon, wie Ihre Zukunft aussehen wird. Wenn Sie das nicht wollen, wählen Sie Trump nicht!

11:55 vorm. · 27. Okt. 2024

Wenn Project 2025 nach einem Wahlsieg Trumps umgesetzt würde, kann Europa im Bereich einer konventionellen Abschreckung gegenüber Russland eine Unterstützung durch die USA vergessen. Es gäbe "nur" noch die atomare Abschreckung und zukaufbare Optionen. BSW und AfD wird's freuen.

3:35 nachm. · 28. Okt. 2024

Trump wasn't God. He isn't God and he will never be God. He only feels like one. He's a liar, a fraud and a criminal who should spend the next years in prison but never ever in the White House.

Trump war nicht Gott. Er ist nicht Gott und wird nie Gott sein. Er fühlt sich nur wie einer. Er ist ein Lügner, ein Betrüger und ein Krimineller, der die nächsten Jahre im Gefängnis verbringen sollte, aber niemals im Weißen Haus.

12:07 vorm. · 29. Okt. 2024

Voting for Trump as a non white immigrant is like digging your own grave, because you cannot be sure that he and his guys will let you stay in the US.

Wer als nicht-weißer Einwanderer für Trump stimmt, gräbt sein eigenes Grab, denn er kann sich nicht darauf verlassen, dass er und seine Leute ihn in den USA bleiben lassen.

12:12 vorm. · 29. Okt. 2024

If men are too "proud" because of religion or culture to vote for a woman as president you should think about that the alternative is a liar who is backed by people who prefer the times when slavery was common.

Wenn Männer aufgrund ihrer Religion oder Kultur zu „stolz" sind, um eine Frau zur Präsidentin zu wählen, sollten Sie bedenken, dass die Alternative ein Lügner ist, der von Leuten unterstützt wird, die die Zeiten, in denen Sklaverei üblich war, vorziehen.

8:57 vorm. · 29. Okt. 2024

f Trump becomes the next President of the USA, maybe he'll give Alaska to Russia and Hawaii to China as a gift for their support

Wenn Trump der nächste Präsident der USA wird, gibt er Alaska vielleicht Russland und Hawaii China als Geschenk für ihre Unterstützung.

8:29 vorm. · 30. Okt. 2024

If Trump becomes the next President of the USA, there might be an election, but no choice, only yes or no. I'm sure he'd like to have results like other dictators for the rest of his life ... and the rest of the life of other family members ... just the same as in North Korea.

Wenn Trump der nächste Präsident der USA wird, wird es vielleicht Wahlen geben, aber keine Wahl, nur Ja oder Nein. Ich bin sicher, er möchte für den Rest seines Lebens Ergebnisse wie andere Diktatoren erzielen ... und für den Rest des Lebens anderer Familienmitglieder ... genau wie in Nordkorea.

8:33 vorm. · 30. Okt. 2024

If Trump becomes the next President of the USA, the land of dreams will become the land of nightmares.

Wenn Trump der nächste Präsident der USA wird, wird das Land der Träume zum Land der Albträume.

9:39 vorm. · 30. Okt. 2024

Don't let Trump tell you anything about law and order. Always keep in mind: He's a liar, a fraud and a criminal. ... not only since he became president for the first time, but for all his life by now. For him law and order is only for others. He is convinced that he's above law.

Lassen Sie sich von Trump nichts über Recht und Ordnung erzählen. Denken Sie immer daran: Er ist ein Lügner, ein Betrüger und ein Krimineller. ... nicht erst seit er zum ersten Mal Präsident wurde, sondern sein ganzes Leben lang. Recht und Ordnung gelten für ihn nur für andere. Er ist überzeugt, dass er über dem Gesetz steht.

9:58 vorm. · 30. Okt. 2024

To all those who think that things will become cheaper if Trump becomes the next President: Have a look the "Made in" labels. Everything that's not made in USA will cost at least 10% more because of the tariffs he will implement on goods from abroad. Inflation will rise.

An alle, die glauben, dass die Dinge billiger werden, wenn Trump der nächste Präsident wird: Schauen Sie sich die "Made in"-Etiketten an. Alles, was nicht in den USA hergestellt wird, wird aufgrund der Zölle, die er auf Waren aus dem Ausland erheben wird, mindestens 10 % mehr kosten. Die Inflation wird steigen.

10:47 vorm. · 1. Nov. 2024

Do people in the USA who are allowed to vote really believe the stupid things Trump keeps on telling about Germany and German History? It really hurts to listen to all the lies he's spreading.

Glauben die wahlberechtigten Menschen in den USA wirklich den Unsinn, den Trump ständig über Deutschland und die deutsche Geschichte erzählt? Es tut wirklich weh, sich all die Lügen anzuhören, die er verbreitet.

10:46 vorm. · 2. Nov. 2024

Christians in the USA should remember all the important women who are mentioned in the Bible before voting.

Trump, the liar and criminal, is evil in person. Do they really think that God wants such an evil person become the most important president in our world? I don't think so!

Christen in den USA sollten sich vor ihrer Wahl an all die wichtigen Frauen erinnern, die in der Bibel erwähnt werden. Trump, der Lügner und Verbrecher, ist das Böse in Person. Glauben sie wirklich, dass Gott will, dass solch eine böse Person der wichtigste Präsident unserer Welt wird? Ich glaube nicht!

11:38 nachm. · 3. Nov. 2024

To all those who think the USA didn't try to calm down the situation in Gaza and the other places where Israel's army keeps on fighting: Read "War" by Bob Woodward!

An alle, die meinen, die USA hätten nicht versucht, die Lage im Gazastreifen und an den anderen Orten, wo die israelische Armee weiterhin kämpft, zu beruhigen: Lesen Sie „War" von Bob Woodward!

9:20 vorm. · 5. Nov. 2024

What will happen if Trump wins and tries to "Make America Great again"? The reputation of the USA (it's not America!) as a world leader will decrease. Prices in the USA will increase because of tariffs. Economic isolation will increase. Moral and humanity will decrease.

Was wird passieren, wenn Trump gewinnt und versucht, „Amerika wieder groß zu machen"? Der Ruf der USA (es ist nicht Amerika!) als Weltmacht wird sinken. Die Preise in den USA werden aufgrund von Zöllen steigen. Die wirtschaftliche Isolation wird zunehmen. Moral und Menschlichkeit werden abnehmen.

9:24 vorm. · 5. Nov. 2024

I don't understand why Christians in the USA vote for Trump. If it's because of abortion, read the bible again. Trump is and will be responsible for the death of more people - people of color and women and kids all around the world - than the numbers of abortions can ever be.

Ich verstehe nicht, warum Christen in den USA Trump wählen. Wenn es wegen der Abtreibung ist, dann lesen Sie die Bibel noch einmal. Trump ist und wird für den Tod von mehr Menschen verantwortlich sein – farbigen Menschen, Frauen und Kindern auf der ganzen Welt – als es Abtreibungen jemals geben kann.
9:29 vorm. · 5. Nov. 2024

If you vote for Trump and he really wins, you'll get a leader who acts like Netanyahu and all the other leaders who are only looking for their own advantages and who think that the only way not to be arrested is to become or stay in a leading political position ... like POTUS.
Wenn Sie für Trump stimmen und er tatsächlich gewinnt, bekommen Sie einen Führer, der sich wie Netanjahu und all die anderen Führer verhält, die nur auf ihren eigenen Vorteil bedacht sind und die meinen, der einzige Weg, einer Verhaftung zu entgehen, sei, eine führende politische Position zu erlangen oder in einer zu bleiben – wie POTUS.
9:38 vorm. · 5. Nov. 2024

Each vote for Trump shows that these people seem to enjoy being betrayed and that they accept lies. Each vote for Trump shows the world that they have no idea what's going on outside the US. Why do you vote for someone who'll make rich people richer and doesn't care about you?
Jede Stimme für Trump zeigt, dass diese Leute es zu genießen scheinen, betrogen zu werden, und dass sie Lügen akzeptieren. Jede Stimme für Trump zeigt der Welt, dass sie keine Ahnung haben, was außerhalb der USA vor sich geht. Warum wählt man jemanden, der reiche Leute noch reicher macht und sich nicht um andere schert?
9:47 vorm. · 5. Nov. 2024

Republic means "cause of the people" and not "cause of the Trump family". Today even the name "Republican Party" is a lie.

Republik bedeutet „Sache des Volkes" und nicht „Sache der Familie Trump". Heute ist sogar der Name „Republikanische Partei" eine Lüge.
9:55 vorm. · 5. Nov. 2024

Trump's politics will be good for a few people like Elon Musk, but not for the majority of the citizens of the USA. Do you really want that for your future ... maybe not only for 4 years?
Trumps Politik wird für einige wenige Menschen wie Elon Musk gut sein, aber nicht für die Mehrheit der Bürger der USA. Wollt ihr das wirklich für eure Zukunft … vielleicht nicht nur für 4 Jahre?
10:00 vorm. · 5. Nov. 2024

The way of thinking that God only wants men to be political leaders shows that some people's thoughts didn't reach the 21st century, no matter if Christians or Moslems. In the Bible there are tough women and I'm sure that today God trusts more in women than 2000 years ago.
Die Denkweise, dass Gott nur Männer als politische Führer haben will, zeigt, dass die Gedanken mancher Menschen, egal ob Christen oder Moslems, nicht im 21. Jahrhundert angekommen sind. In der Bibel gibt es starke Frauen und ich bin sicher, dass Gott heute mehr Vertrauen in Frauen hat als vor 2000 Jahren.
10:57 vorm. · 5. Nov. 2024

Maybe people who think that a woman shouldn't become President of the United States are still thinking too that God wanted white people to own slaves and treat them worse than animals. Welcome to the year 2024.
Vielleicht glauben Leute, die der Meinung sind, dass eine Frau nicht Präsidentin der Vereinigten Staaten werden sollte, immer noch, dass Gott wollte, dass Weiße Sklaven besitzen und sie schlechter behandeln als Tiere. Willkommen im Jahr 2024.
11:03 vorm. · 5. Nov. 2024

Now I need to find flights from FRA to YVR without any stop in the US. After Trump won I don't wanna enter the USA as long as he or other MAGA guys will be POTUS. Bye bye USA ...

Jetzt muss ich Flüge von FRA nach YVR ohne Zwischenstopp in den USA finden. Nachdem Trump gewonnen hat, will ich nicht mehr in die USA einreisen, solange er oder andere MAGA-Typen Präsident sind. Tschüss USA ...

8:38 vorm. · 6. Nov. 2024

Using Elon Musk's Starlink for transmitting results of the election is a very bad joke. The only way to make it worse would be the use of Russian servers. But maybe Starlink is the reason why Trump could say that he has enough votes long before the election day.

Dass Elon Musks Starlink zur Übermittlung der Wahlergebnisse genutzt wird, ist ein schlechter Witz. Noch schlimmer wäre es nur, wenn russische Server zum Einsatz gekommen wären. Aber vielleicht ist Starlink ja der Grund, warum Trump schon lange vor dem Wahltag sagen konnte, er habe genug Stimmen.

8:28 vorm. · 11. Nov. 2024

Lieber in den Augen von Elon Musk ein Narr sein, als ein empathieloser egoistischer Typ, der glaubt, mit Geld könne man alles kaufen. Der gebürtige Südafrikaner will wohl Trump u.a. dabei helfen, einige Länder noch früher in den Ozeanen versinken zu lassen.

2:26 nachm. · 11. Nov. 2024

What do you think will happen if tariffs for products from Mexico will be implemented? Many products of American Companies will become more expensive. More unemployment in Mexico. More migrants. More bankruptcies in the US ... and more unemployment in the US. A very good idea!

Was glauben Sie, wird passieren, wenn Zölle auf Produkte aus Mexiko eingeführt werden? Viele Produkte amerikanischer Unternehmen werden teurer. Mehr Arbeitslosigkeit in Mexiko. Mehr

Migranten. Mehr Insolvenzen in den USA ... und mehr Arbeitslo-
sigkeit in den USA. Eine sehr gute Idee!
2:33 nachm. · 11. Nov. 2024

Who knows it there are enough bridges in the USA as shelter
for all the people who'll lose their job because of Trump's and
Musk's tariffs and deportations.
Wer weiß, vielleicht gibt es in den USA genügend Brücken, die all
den Menschen Schutz bieten könnten, die aufgrund der Zölle und
Abschiebungen von Trump und Musk ihren Job verlieren.
8:49 vorm. · 12. Nov. 2024

It's impossible to run a country like a company. You cannot
"fire" citizens. You have to support even the people you like
least.
Es ist unmöglich, ein Land wie ein Unternehmen zu führen. Man
kann seine Bürger nicht „entlassen". Man muss sogar die Men-
schen unterstützen, die man am wenigsten mag.
8:52 vorm. · 12. Nov. 2024

Trump and his guys should think about that they might de-
port people who are allowed to be elected as POTUS ... something Elon Musk will never be able to become ... except they'll
change the constituition. OK ... who cares about the constitution anymore.
Trump und seine Leute sollten darüber nachdenken, dass sie Leute
abschieben könnten, die zum Präsidenten gewählt werden dürfen ...
etwas, das Elon Musk niemals werden kann ... außer sie ändern die
Verfassung. OK ... wen interessiert die Verfassung noch?
8:56 vorm. · 12. Nov. 2024

Maybe that German "fool" called Habeck once holds a mirror
in front of Elon Musk's nose for to show Elon how ugly, self-
ish and misanthropic he is in reality, something you cannot
change with any amount of money.
Vielleicht hält dieser deutsche „Dummkopf" namens Habeck Elon
Musk einmal einen Spiegel vor die Nase, um ihm zu zeigen, wie

hässlich, egoistisch und menschenfeindlich er in Wirklichkeit ist,
etwas, das man mit keinem Geld der Welt ändern kann.
9:02 vorm. · 12. Nov. 2024

How many votes could Starlink have "lost" in the vastness of
space? A few hundred, a few thousand, some million?
Wie viele Stimmen könnte Starlink in den Weiten des Weltalls
„verloren" haben? Ein paar Hundert, ein paar Tausend, einige Mil-
lionen?
9:14 vorm. · 12. Nov. 2024

I hope that the people in the USA will keep in mind who'll be
responsible for increasing unemployment and increasing inflation for at least the next 4 years. It's not the Democrats, but
Trump and Elon Musk.
Ich hoffe, dass die Menschen in den USA sich vor Augen halten,
wer für die steigende Arbeitslosigkeit und die steigende Inflation
zumindest in den nächsten vier Jahren verantwortlich sein wird. Es
sind nicht die Demokraten, sondern Trump und Elon Musk.
11:16 vorm. · 13. Nov. 2024

The reason why Elon Musk supports Trump? It's easy to buy
Trump. It doesn't matter to Trump where the money comes
from. It was Russian money which saves him from bank-
ruptcy. It was Musk's money and X and Starlink that made
him president. Both never spent money without reason.
Der Grund, warum Elon Musk Trump unterstützt? Trump ist
leicht zu kaufen. Woher das Geld kommt, ist Trump egal. Es war
russisches Geld, das ihn vor dem Bankrott rettete. Es waren Musks
Geld und X und Starlink, die ihn zum Präsidenten machten. Beide
haben nie grundlos Geld ausgegeben.
8:04 vorm. · 18. Nov. 2024

OSTEUROPA

Dem Krieg Russlands gegen die Ukraine, der in Russland nicht Krieg genannt werden darf und der ohne jegliche rationale Begründung von Putin losgetreten wurde, kann man derzeit nicht entgehen. Sollte man auch nicht. Und man sollte ihn auch nie vergessen.

May all the people who died because of Putin's decisions, commands and actions follow him in his dreams each and every night.
Mögen alle Menschen, die aufgrund von Putins Entscheidungen, Befehlen und Handlungen gestorben sind, ihm jede Nacht in seinen Träumen folgen.
10:51 vorm. · 25. Feb. 2022

Die Liste der Lügen, die von Putin und Lawrow in die Welt gesetzt werden, ist länger, als die Kolonne der Militärfahrzeuge, die in Richtung Kiew auf dem Weg ist.
10:02 vorm. · 3. März 2022

Wenn die russische Armee daran interessiert ist, als "heldenhaft" angesehen zu werden, dann muss sie die kriegerischen Handlungen in der Ukraine SOFORT einstellen. Es gibt nur eine Wahl: Helden oder Kriegsverbrecher. Aktuell schlägt das Pendel in Richtung Kriegsverbrecher aus.
10:06 vorm. · 3. März 2022

Mir dreht sich der Magen um, wenn Lawrow die Einhaltung von Menschenrechten und Pressefreiheit in anderen Ländern anmahnt. Er sollte sich mit offenen Augen die Zustände in seinem eigenen Land ansehen, bevor er solches von sich gibt!
10:11 vorm. · 3. März 2022

Putin und Lawrow sind eigentlich die größten Feiglinge, die es derzeit gibt, denn sie bringen nicht einmal den Mut auf, ihrem Volk ehrlich zu sagen, was ihre Soldaten im Moment in der Ukraine anstellen, wie sie dort wüten.

9:43 vorm. · 11. März 2022

Jede Bombe, jede Rakete, jede Granate, jede Patrone, die in der Ukraine von Russen abgeschossen bzw. abgefeuert wird, ist "Dünger" für den Hass der ukrainischen Bevölkerung auf die russische Regierung und das russische Militär. Auch der Graben zum Rest der Welt wird immer tiefer.

9:48 vorm. · 11. März 2022

Putin wird wohl nicht als Erschaffer eines neuen russischen Großreichs in die Geschichte eingehen, wie er es sich anscheinend wünscht, sondern vielmehr als größter Kriegsverbrecher (mindestens) des 21. Jahrhunderts ... als russischer Hitler. Herzlichen Glückwunsch!

10:02 vorm. · 11. März 2022

Bombs are seeds of hate. The more bombs Putin's army drops, the more hate by the Ukrainian people they'll harvest now and later on. Benefit for Russia? NONE!

Bomben sind die Saat des Hasses. Je mehr Bomben Putins Armee abwirft, desto mehr Hass wird sie jetzt und später beim ukrainischen Volk ernten. Nutzen für Russland? KEINER!

11:53 vorm. · 12. März 2022

Im UN-Sicherheitsrat sollte schnellstens die Veto-Regelung abgeschafft werden, damit man endlich auch gegen (Noch-) Vetomächte nach einem Mehrheitsbeschluss eine Handhabe hätte. Es kann nicht sein, dass jemand wie Putin ungebremst und ungestraft im Nachbarland wüten kann.

6:51 nachm. · 20. März 2022

Das russische Volk verdient eine andere Regierung, als diesen Haufen von menschenverachtenden, brutalen, korrupten und verlogenen "Leuten" (Menschen sollte man diese Wesen vor dem Hintergrund der von ihnen zu verantwortenden Handlungen in der Ukraine nicht mehr nennen).

9:10 vorm. · 23. März 2022

Dear Russian Soldiers! Are you proud of what you are doing in Ukraine? You should keep in mind that you are killing people and destroying cities because of lies and weird ideas of your leaders. Nothing you are doing is to protect Russian people. Do you wanna be war criminals?

Liebe russische Soldaten! Seid ihr stolz auf das, was ihr in der Ukraine tut? Ihr solltet nicht vergessen, dass ihr aufgrund der Lügen und verrückten Vorstellungen eurer Führer Menschen tötet und Städte zerstört. Nichts von dem, was ihr tut, dient dem Schutz des russischen Volkes. Wollt ihr Kriegsverbrecher sein?

9:02 vorm. · 5. Apr. 2022

Es ist schlimm, dass sich selbst ein russischer Kirchenführer an der Verbreitung der Lügen der Regierung beteiligt. Glauben eigentlich solche Leute - egal welcher Glaubensrichtung - ernsthaft, dass Gott ihr Fehlverhalten anders bewertet, als das eines "einfachen" Menschen?

9:10 vorm. · 5. Apr. 2022

Dear Russian Soldiers! What would you think and feel if your wives, mothers, sisters or other female relatives or friends were raped by foreign soldiers? You should think about this before you rape Ukrainian women! ... or don't you feel anything at all?

Liebe russische Soldaten! Was würdet ihr denken und fühlen, wenn eure Frauen, Mütter, Schwestern oder andere weibliche Verwandte oder Freundinnen von ausländischen Soldaten vergewaltigt würden? Ihr solltet darüber nachdenken, bevor ihr ukrainische Frauen vergewaltigt! ... oder fühlt ihr überhaupt nichts?

9:49 vorm. · 6. Apr. 2022

Might it be that each bullet that kills someone in Ukraine and each rocket that destroys a residential building fills Putin's and his friends' pockets? That could be one (weird) explanation why he doesn't end this brutal war.

Könnte es sein, dass jede Kugel, die in der Ukraine jemanden tötet, und jede Rakete, die ein Wohnhaus zerstört, die Taschen Putins und seiner Freunde füllt? Das könnte eine (seltsame) Erklärung dafür sein, warum er diesen brutalen Krieg nicht beendet.

6:27 nachm. · 24. Apr. 2022

Behated Mr. Putin, There's one very important thing you think about: If you wanna reach a goal, the goal should exist in real. If it doesn't exist, you can kill more and more people and destroy whatever you want, you'll never be able to reach it. Stop that unprovoked killing!

Verhasster Herr Putin, es gibt eine sehr wichtige Sache, über die Sie nachdenken sollten: Wenn Sie ein Ziel erreichen wollen, muss dieses Ziel real existieren. Wenn es nicht existiert, können Sie immer mehr Menschen töten und zerstören, was Sie wollen, Sie werden es nie erreichen. Hören Sie mit dem grundlosen Töten auf!

11:57 vorm. · 10. Juli 2022

Behated Mr. Putin, after all I read about you and your former employer it is very obvious that you are the reason for the bubbles in the Baltic Sea. Remember: All damages you do to the environment you do to Russia too! Climatic changes don't think about borders.

Verhasster Herr Putin, nach allem, was ich über Sie und Ihren ehemaligen Arbeitgeber gelesen habe, ist es ganz offensichtlich, dass Sie der Grund für die Blasen in der Ostsee sind. Denken Sie daran: Alle Schäden, die Sie der Umwelt zufügen, fügen Sie auch Russland zu! Der Klimawandel kennt keine Grenzen.

8:04 vorm. · 1. Okt. 2022

Behated Mr. Putin, it seems as you and your friends like to ruin everything that might offer a chance to be used by the next leaders of Russia for to repair the damages you did and are still doing to the international reputation of Russia.

Verhasster Herr Putin, es scheint, als würden Sie und Ihre Freunde alles ruinieren wollen, was den nächsten Führern Russlands eine Chance bieten könnte, den Schaden wiedergutzumachen, den Sie dem internationalen Ruf Russlands zugefügt haben und immer noch zufügen.
8:09 vorm. · 1. Okt. 2022

Behated Mr. Putin, think about this here: Each single step of Russian military on NATO territory will be a step closer to the end of the world ... including Russia. ... and nobody will be able to call you a hero ... never ever.
Verhasster Herr Putin, denken Sie einmal darüber nach: Jeder einzelne Schritt des russischen Militärs auf NATO-Gebiet bringt uns dem Ende der Welt einen Schritt näher ... auch dem Russlands. ... und niemand wird Sie einen Helden nennen können ... niemals.
8:53 vorm. · 1. Okt. 2022

What if at the beginning of a war the defenders destroy all personal belongings of the people who gave the command to start the killing (including bank accounts). Maybe it would end a war very soon if leading politicians get to know how it feels to lose everything by themselves.
Was wäre, wenn die Verteidiger zu Beginn eines Krieges sämtliche persönlichen Besitztümer der Personen zerstören würden, die den Befehl zum Töten gegeben haben (einschließlich Bankkonten). Vielleicht würde ein Krieg sehr schnell enden, wenn führende Politiker erfahren würden, wie es sich anfühlt, selbst alles zu verlieren.
10:11 vorm. · 20. März 2024

Worüber möchte man mit Putin verhandeln? Wie groß der Landgewinn durch seine Missachtung des Völkerrechts sein soll? Eigentlich dürfte man mit ihm nur nach Wegen suchen, wie er seine Truppen zurück nach Russland bekommt, ohne sein Gesicht zu verlieren.
8:09 vorm. · 12. Juni 2024

Man sollte nie vergessen: Putin ist und bleibt ein Geheimdienstler mit allen für diesen "Berufsstand" typischen Verhaltensmustern, und da spielen Völkerrecht und Menschenrechte keine Rolle.
8:27 vorm. · 12. Juni 2024

Behated Mr. Putin! Don't you remember that you are using Iranian weapon for to destroy Ukrainian buildings and infrastructure? You really wanna tell the Ukraine where they are "allowed" to use their weapon for to protect their people? Is there something more silly than that?
Verhasster Herr Putin! Erinnern Sie sich nicht daran, dass Sie iranische Waffen einsetzen, um ukrainische Gebäude und Infrastruktur zu zerstören? Sie wollen der Ukraine wirklich sagen, wo sie ihre Waffen zum Schutz ihrer Bevölkerung einsetzen „dürfen"? Gibt es etwas Dümmeres als das?
1:46 nachm. · 14. Sep. 2024

Wäre Putin ein "normaler Mensch" und nicht in dieser politischen Führungsrolle, in der er sich festgesetzt hat, dann wäre er mit seinen Phantasien, die er derzeit real umsetzt, schon längst in der geschlossenen Abteilung einer psychiatrischen Klinik gelandet.
8:41 vorm. · 14. Okt. 2024

Wie wäre es, wenn man Putin mitteilen würde, dass man der Ukraine für jedes Krankenhaus, jedes Kraftwerk, jede Schule, jeden Kindergarten und jedes Altenheim, das/die/den seine Armee trifft, 5 Taurus o.ä. einschließlich Programmierung militärischer Ziele zur Verfügung stellt?
7:53 vorm. · 16. Okt. 2024

Ergänzungen zum vorherigen Post. Vielleicht auch eine Idee für ein neues Buch ...

Wie wäre es, wenn man Putin mitteilen würde, dass man der Ukraine für jedes Krankenhaus, jedes Kraftwerk, jede Schule, jeden Kindergarten und jedes Altenheim, das/die/den seine Armee trifft, 5 Taurus o.ä. einschließlich Programmierung militärischer Ziele zur Verfügung stellt?

Wie wäre es, wenn man ihm sogar eine Liste der Ziele übergibt? Dann wüsste er genau, was seine Befehle auslösen würden, was auf ihn bzw. seine Armee zukommt, wenn er seinen Zerstörungswahn weiter ungebremst ausleben möchte … nur nicht wann und in welcher Reihenfolge.

Wie wäre es, wenn seine privaten Besitztümer auch auf der Liste der Ziele stehen würden, denn ein solch mental kranker Staatenführer wird wahrscheinlich erst verstehen, was Krieg bedeutet, wenn dessen Konsequenzen ihn oder seine Familie direkt materiell betreffen.

Wie wäre es, wenn man all die Yachten der Putin-Unterstützer, die in westlichen Häfen liegen, beschlagnahmt und als Übungsziele verwenden würde? Die Videos der Einschläge sollte man anschließend veröffentlichen. Es wäre zwar eine riesige Verschwendung von Material, solche Schiffe zu versenken, aber eigentlich verhindert man damit nur, dass deren Nutzung weitere Umweltschäden verursacht.

Wie wäre es, wenn man auch die Immobilien der Putin-Unterstützer beschlagnahmt und diese dann Flüchtlingen aus der Ukraine zur Verfügung stellen würde. Man sollte dann natürlich die Zahl der zur Verfügung stehenden Zimmer effizient nutzen, und nicht nur einzelne Familien je übertrieben großer Wohnung unterbringen.

Ich denke, Kriege lassen sich schneller beenden, wenn diejenigen, die sie befohlen haben bzw. die, die solche Un-Menschen unterstützen, die, die für solche Massenmorde und Zerstörungen unter dem Deckmantel staatlicher Interessen verantwortlich sind, höchst persönlich spüren, wie es sich anfühlt, wenn das Eigentum auf die Kleidung, die man in diesem Moment trägt, reduziert wird, wenn man sich nicht in exklusive Bunker zurückziehen kann und irgendwann, wenn es genehm ist, vor dort ohne Verluste sein Leben im Überfluss fortsetzen kann, sondern froh sein kann, wenn man ein solches Ereignis physisch gesund überlebt. Ob solche Leute sich über das nackte Überleben überhaupt freuen können, ist natürlich eine andere Frage, die aber, vor dem Hintergrund des Leids, dass ihre Handlungen ausgelöst haben bzw. immer weiter auslösen, vollkommen nebensächlich wäre.

9:01 vorm. · 16. Okt. 2024

Putin, der ausländische Soldaten und Waffen für seinen Eroberungszug einsetzt, meint, er könne denen, die ihr Land verteidigen, vorschreiben, welche Waffen sie zur Verteidigung einsetzten dürfen? Wenn nicht nach seinen Regeln gespielt wird, droht er mit Atomwaffen. Einfach krank!

9:07 vorm. · 20. Nov. 2024

MOBILITÄT

Zu diesem Kapitel wird später ein eigenes Buch erscheinen. Ich verzichte daher hier auf weitestgehend auf Anmerkungen zu den aus Twitter / X übernommenen Posts.

E-Autos: Wenn allein die Batteriemiete so hoch ist, wie die Leasingrate eines Kleinwagens, ist klar, wer von den Straßen verschwinden soll.
7:15 nachm. · 28. Aug. 2017

Es gibt eine Richtlinie, nach der 85 % der Pkw mit diesen Maßen auskommen sollen: Länge <= 4.74m, Breite o. Außenspiegel <=1.76m, Höhe <=1.51m, Wendekreis außen <= 5.85m. Gibt es noch Fahrzeugbauer, die das interessiert? #Irrsinnauf4Rädern
8:32 nachm. · 14. Sep. 2019

Ein Haus muss auf's Grundstück passen und einen Mindestabstand zur Grenze einhalten. Autos dürfen so gebaut werden, dass sie für vorhandene Stellplätzen zu groß sind. Da hat der Gesetzgeber wohl vergessen, einen Riegel vorzuschieben. #Irrsinnauf4Rädern
10:45 vorm. · 17. Sep. 2019

Kann es sein, dass Raser auf Autobahnen die Geschwindigkeitsbegrenzungen nicht sehen, weil die Zahlen auf den Schildern zu klein sind, um bei Tempo >200 km/h gelesen werden zu können? #Irrsinnauf4Rädern
10:48 vorm. · 17. Sep. 2019

These: Wenn die Autos nicht so unübersichtlich und übermotorisiert wären, könnte auf viele Assistenzsysteme verzichtet werden. Wenn ein Auto die Reaktions- und Aktionsfähigkeit eines durchschnittlichen Menschen überfordert, dann ist es #Irrsinnauf4Rädern
10:28 vorm. · 18. Sep. 2019

Autohersteller sollten verpflichtet werden, die Breite ihrer Produkte einschließlich Außenspiegel DEUTLICH anzugeben. Manches Auto kann sich als Fehlkauf herausstellen, weil es nicht durch das Garagentor passt. Ganz schön blöd. #Irrsinnauf4Rädern
10:31 vorm. · 18. Sep. 2019

BMW hat es geschafft: Auch der neue 1er ist jetzt breiter als das Bemessungsfahrzeug. Viel Spaß beim Einparken! #Irrsinnauf4Rädern
10:36 vorm. · 18. Sep. 2019

Heute in der Siegener Zeitung: Audi mit 600 PS und Porsche mit 680 PS. Solche Autos gehören - wenn überhaupt - auf eine Rennstrecke, aber ganz bestimmt nicht auf eine öffentliche Straße und in die Hände von Leuten ohne ausreichende Schulung! #Irrsinnauf4Rädern
9:32 vorm. · 1. Okt. 2019

BMW bewirbt seine Modelle mit dem englischen Artikel "The", den kaum ein Deutscher richtig aussprechen kann. VW und Audi werben ausgerechnet für die Modelle, die die meisten Kontroversen auslösen (SUVs). Leiden die Autohersteller unter totalem Realitätsverlust? #Irrsinnauf4Rädern
8:49 vorm. · 15. Nov. 2019

Warum dürfen nach den neuen EU-Regeln Hersteller schwerer Autos im Schnitt mehr CO_2 von ihren Kunden in die Luft blasen lassen? Kapieren die Regelmacher nicht, dass unserer Erde nicht relativ reagiert, sondern absolut? Die Folgen werden wir zu spüren bekommen. #Irrsinnauf4Rädern
11:49 vorm. · 24. Jan. 2020

#Irrsinnauf4Rädern heute in der Siegener Zeitung: Porsche Cayenne GTS 75m/s, 11.2l/100km, Mercedes E 63 S AMG 83.3m/s, 11.9l/100km. 1 Sekunde = Reaktionszeit! Das, und

ein 2-stelliger mittlerer Verbrauch zeigen, dass die Autoindustrie in D die Zeichen der Zeit nicht versteht.
8:40 vorm. · 22. Juli 2020

Heute in der Siegener Zeitung: "Laut Porsche soll der neue Panamera eine noch größere Bandbreite zwischen Sport und Komfort, Renn- und Langstrecke abdecken." Damit ist endgültig klar: Ein solches Auto ist nicht für öffentliche Straßen vorgesehen, also #Irrsinnauf4Rädern
8:54 vorm. · 8. Sep. 2020

Wenn die Automobilindustrie auf eigene Kosten Stellplätze für all die Fahrzeuge schaffen müsste, die eigentlich nicht in ein normales Parkhaus passen, würde sie schnell merken, warum Investoren sich an Größenvorgaben gültiger Verordnungen halten: Die Kosten! #Irrsinnauf4Rädern
9:13 vorm. · 11. Dez. 2020

Jetzt gibt es sogar schon einen "Rettungsgassenassistent". Wer es nicht selbst schafft, sein Fahrzeug im Stau an den Fahrbahnrand zu lenken, damit eine durchgängige Gasse für Rettungsfahrzeuge entsteht, der sollte eigentlich keinen Führerschein haben dürfen. #Irrsinnauf4Rädern
9:16 vorm. · 11. Dez. 2020

Es gab Zeiten, da hatte ein Ferrari 237 PS und beschleunigte von 0 auf 100 km/h in etwa 6.5 Sekunden. Heute ist es laut Tageszeitung "keine Beschleunigungsorgie", wenn ein Elektro-SUV 6.8 Sekunden mit seinen 286 PS benötigt. Welch ein #Irrsinnauf4Rädern !
9:06 vorm. · 12. Jan. 2021

#BMW M3 und M4: Beschleunigung von 0 auf 100km/h in 3.9 Sekunden, gegen Aufpreis Spitzentempo 290 km/h (=80.55 m/s), Verbrauch im Normzyklus ab 10.2 l/100km, 234 g/km CO_2. In welcher Welt leben die Entwickler von BMW? Das ist wieder reiner #Irrsinnauf4Rädern
9:06 vorm. · 14. Apr. 2021

Solange #BMW Autos baut, die im Durchschnitt über 10 l/100km verbrauchen, weit über 200g/km CO_2 in die Luft blasen und kaum in Parkhäuser passen, ist es #Irrsinnauf4Rädern. Da braucht man sich nicht damit zu rühmen, in China die Emissionen der Lieferketten reduzieren zu wollen.
9:17 vorm. · 4. Juni 2021

Herr Laschet hat gesagt, dass es unlogisch sei, wenn E-Autos, die keine CO_2-Emissionen verursachen, nicht schneller als 130 km/h fahren dürften. Schnell fahren=hoher Stromverbrauch=geringere Reichweite=Nachladen! Zeitgewinn durch rasen=0! Und Strom kommt aus der Steckdose ;-)
9:08 vorm. · 5. Juli 2021

Für was um alles in der Welt braucht ein E-Auto 523 PS und eine Beschleunigung von 4.6s von 0-100 km/h (BMW iX) ? 300 PS weniger wären bei dem heutigen Verkehr immer noch zuviel, würden sich aber bestimmt positiv auf die Reichweite auswirken. Wieder nur #Irrsinnauf4Rädern.
9:15 vorm. · 5. Juli 2021

Der #Irrsinnauf4Rädern geht weiter: Der Audi RS 3 mit 400 PS und einer Höchstgeschwindigkeit von bis zu 290 km/h (über 80 m pro Sekunde!) soll auf die öffentlichen Straßen losgelassen werden. Wann schiebt das @BMVI dieser Übermotorisierung endlich einen Riegel vor?
8:25 vorm. · 11. Aug. 2021

Wenn der Mensch es im Zuge der Evolution nicht mal geschafft hat, langfristige Entwicklungen richtig einzuschätzen, kommt er bestimmt nicht mit der extremen Beschleunigung des individuellen Straßenverkehrs klar. Er ist für Beschleunigungen von 3.9s für 0-100 km/h nicht gemacht.
8:30 vorm. · 11. Aug. 2021

Der neueste #Irrsinnauf4Rädern: VW Golf R Variant mit 320 PS, gegen Aufpreis 270 km/h Spitze, Beschleunigung 4.9s von 0-100km/h. Zum Vergleich: Golf GTI Jahrgang 1982: 110 PS, 182 km/h Spitze, Beschleunigung 9.4s. Zur Erinnerung: Es gibt ein riesiges Problem namens Klimawandel!
8:51 vorm. · 24. Aug. 2021

Noch ein #Irrsinnauf4Rädern: Audi Q5 Sportback 40 TDI quattro. Das Auto wiegt leer 1900kg. Diese Masse in Bewegung zu bringen und zu halten erfordert eine ganze Menge Energie. Diesen Klotz in 7.6s von 0-100 km/h zu beschleunigen ist absolut kein Beitrag zur CO_2-Reduktion.
8:56 vorm. · 24. Aug. 2021

Und ein weiterer #Irrsinnauf4Rädern: AMG GT Viertürer 63 S. Ein Plug-in-Hybrid mit einer elektrischen Reichweite von nur 12 km, dafür aber mit 843 PS, einer Höchstgeschwindigkeit von 316 km/h, 0-100 km/ in 2.9s. Ein solches Auto gehört nicht auf öffentliche Straßen!
11:22 vorm. · 7. Sep. 2021

Was bei der Diskussion um ein #Tempolimit auf Autobahnen immer vergessen wird: Die Entwurfsgeschwindigkeit für deutsche Autobahnen beträgt laut BMVI 130 km/h. Allein schon deshalb wäre dort zwingend eine Geschwindigkeitsbegrenzung erforderlich.
6:39 nachm. · 12. Apr. 2022

Ich hatte den Ampelparteien eine Variante für den Tankrabatt vorgeschlagen, mit der man einen sparsamen Umgang mit Treibstoff hätte belohnen können. Konkrete Rückmeldungen dazu gab es (natürlich) nicht. Jetzt sind wieder die Verschwender die Gewinner
10:22 vorm. · 2. Juni 2022

Ich wünschte mir, dass ein findiger Rechtsanwalt die Autobahnbetreiber verklagt, weil es kein Tempolimit auf

Autobahnen gibt, die alle nur für 130 km/h entworfen und gebaut sind. Vielleicht merkten dann @c_lindner und @Wissing, dass ein Tempolimit zwingend erforderlich ist!
2:08 nachm. · 14. Juni 2022

Wie ignorant darf man eigentlich als Autokonstrukteur sein? Dass Stellplätze eine Länge von 5.00m haben, blenden die Entwicklungsabteilungen wohl aus. Ob man den Kunden sagt, dass eine Breite von über 2.10m die linke Baustellenspuren auf Autobahnen tabu werden lässt? Wohl kaum.
1:52 nachm. · 22. Juni 2022

Wenn nur noch die privat genutzten Autos auf die Straße dürften, die vollständig bezahlt sind, würde es sehr leer auf Deutschlands Straßen, denn sehr viele der "gekauften" Pkws sind doch eigentlich nur gemietet ... besonders die sehr teuren Renn- und Saufwagen.
8:56 vorm. · 13. Juli 2022

Energieeffizienz hat nichts mit Klimaschutz zu tun! Beim Klimaschutz zählen absolute Werte. Der Irrsinn wird sehr deutlich, wenn man sieht, dass z.B. ein BMW iX in Effizienzklasse A+++ eingestuft ist. Die pure Größe zeigt, wie schädlich allein die verbaute Materialmenge ist.
11:51 vorm. · 10. Feb. 2023

Eigentlich können sich die Autoentwickler einen großen Teil der Verantwortung für den Klimawandel ans Bein binden, denn wären sie nicht auf den Rebound Effekt reingefallen, gäbe es jetzt kleinere, genialere und viel sparsamere Autos. Aktuell regiert die Materialverschwendung.
2:33 nachm. · 19. Feb. 2023

Vor dem Hintergrund einer wachsenden Elektromobilität und des von einigen Leuten ersehnten autonomen Fahrens ist es total unsinnig, dass es kein generelles Tempolimit auf deutschen Autobahnen gibt, mit dem man sich schon heute an die Geschwindigkeit der Zukunft gewöhnen könnte.

2:39 nachm. · 19. Feb. 2023

Eigentlich müsste sogar ein Verkehrsminister kapieren, dass ein Brennstoff, dessen Herstellung deutlich mehr Energie (u.a. Strom) frisst, als er später zu liefern in der Lage ist, in der heutigen Zeit nicht mehr tragbar ist. Dann besser den Strom ohne Umwege ins Auto!

8:32 vorm. · 1. März 2023

Laut einer ZDF-Sendung benötigt die Produktion eines Liters eFuel 27 kWh Strom. Ein E-Auto braucht danach im Schnitt 15kWh pro 100 km. Der kleinste Porsche verbrennt im günstigsten Fall 8,9l/100km = 240,3kWh Strom/100km für eFuel. Ein E-Auto schafft damit 1602km. Irrsinn eFuel!

10:25 nachm. · 3. März 2023

Wenn der Verkehrsminister nicht versteht, dass statt einem einzigen mit eFuel betankten Porsche 16 E-Autos mit derselben Strommenge 100km weit fahren können, dann scheint er ein Furchtbar Dummes Parteimitglied zu sein.

8:15 nachm. · 5. März 2023

Schweres E-Auto + sehr hohe Leistung + hohe Geschwindigkeit = enormer Stromverbrauch => reduzierte Reichweite, die dann durch noch größere und schwerere Batterien wieder vergrößert wird ... damit die Furchtbar Dummen Parteimitglieder weiter rasen können. Lernfähig? Nein

9:27 nachm. · 5. März 2023

Wenn man es schon nicht schafft, das vorhandene Straßennetz in einem brauchbaren Zustand zu erhalten, dann sollte man eigentlich keinen Gedanken daran verschwenden, zusätzliche Straßen zu bauen.

2:40 nachm. · 6. März 2023

Der Neubau von Autobahnen unsinnig, denn es wird nicht mehr lange dauern, dann kann sich ein großer Teil der Bevölkerung Fahrten über solche Verkehrswege nicht mehr leisten. Dann haben die Raser endlich freie Bahn, und die Industrie kann noch mehr Lagerfläche rollen lassen.
2:42 nachm. · 6. März 2023

Notwendig wäre der Bau von schnellen Transit-Bahnstrecken, damit die LKWs ohne Ziel in Deutschland von der Straße kämen. Das wäre ein wirklicher Beitrag zum Klimaschutz!
2:44 nachm. · 6. März 2023

Da werden von vielen Autoherstellern die kleinen und sparsamen Autos aus dem Programm genommen, und deren Gebrauchtwagenpreise gehen durch die Decke. Auch so kann man gegen den Klimawandel arbeiten ... und wenig betuchten Autofahrern alte Kisten völlig überteuert unterjubeln.
11:32 vorm. · 17. März 2023

Wann gibt es endlich regelmäßig wiederkehrende Eignungsprüfungen für Fahrer übermotorisierter und für den öffentl. Straßenverkehr viel zu schneller Kraftfahrzeuge? Der Mensch ist für die heute vielfach angebotenen Beschleunigungswerte und Höchstgeschwindigkeiten nicht gemacht.
2:03 nachm. · 18. Juni 2023

Wie bescheuert und ignorant ist das denn: Jetzt ist auch der 5er BMW länger als ein Stellplatz. Man verkauft seinen Kunden im eigenen Größenwahn bewusst Probleme. Was soll das?
9:20 vorm. · 11. Juli 2023

Ein Vergleich: Länge BMW 5er Baujahr 1984 4.620mm. Länge BMW 5er Baujahr 2023 5.060mm. Länge Stellplatz nach Garagenverordnung 5.000mm. Welches Auto passt besser? 44cm länger bedeutet außerdem ganz grob PRO AUTO

79.200g mehr CO_2 und 132 kWh mehr Strom allein für mehr Baumaterial.

11:15 vorm. · 12. Juli 2023

Muss man sich wirklich wundern, dass sich E-Autos schlecht verkaufen, wenn überwiegend sauteure Riesenschiffe mit enormen Motorleistungen statt kleiner billiger sparsamer Fahrzeuge angeboten werden? Es ist die Konsequenz, wenn an der Lebensrealität der Meisten vorbeigeplant wird.

12:53 nachm. · 21. Apr. 2024

Warum kann man an Ladesäulen nicht schon längst ganz einfach wie an jeder Tankstelle und in jedem Supermarkt mit "Plastikgeld" + PIN bezahlen? Warum all diese Hürden mit Ladekarten und Apps? Auch so kann man Leute von der E-Mobilität fernhalten.

1:03 nachm. · 21. Apr. 2024

Eine Infrastruktureinrichtung wird nicht leistungsfähiger, weil Politiker es so wollen. Autobahnen sind für 130km/h entworfen. Deshalb ist ein Tempolimit zwingend erforderlich.

2:09 nachm. · 28. Apr. 2024

Manch Porschefahrer glaubt wohl, der Bordcomputer sei defekt, wenn er sieht, wieviel weniger Sprit sein Wagen bei Tempo 130km/h als bei 230km/h schluckt.

2:12 nachm. · 28. Apr. 2024

Man sollte Testfahrten der Automobilindustrie auf öffentlichen Straßen, insbesondere auf Autobahnen, verbieten, denn schließlich gefährdet man dort unbeteiligte Dritte, egal wie "qualifiziert" die Dienstraser sind. Testfahrten gehören auf Teststrecken.

9:56 vorm. · 5. Mai 2024

Noch so eine völlig von Sinn befreite Autoentwicklung: Die elektrische Mercedes G-Klasse. Muss man wirklich eine Masse von 3 Tonnen in unter 5 Sekunden auf 100 km/h beschleunigen können? So fährt man das Image von E-Autos so richtig und mit Wucht vor die Wand. Danke Mercedes!
2:18 nachm. · 7. Mai 2024

Macht sich eigentlich in den Entwicklungsabteilungen der Autohersteller niemand Gedanken über die mentale und physische Leistungsfähigkeit der Kundschaft? Grenzenloses Umsetzten des technisch Machbaren steht immer mehr über dem menschlich Beherrschbaren. Totaler Irrsinn!
2:44 nachm. · 7. Mai 2024

Das mit den Smart-Parkplätzen muss man durch den chinesischen Größenwahn jetzt wohl begraben, denn die neuen Produkte dieser Marke benötigen ja 2 der manchmal so beschriebenen Stellflächen. Man brauchte die Marke. Die Idee, die dahinterstand, spielte absolut keine Rolle.
9:07 vorm. · 13. Mai 2024

In der Fernsehwerbung des BMW i5 touring leuchtet nach Aktivierung des Autobahnassistenten 130km/h grün im Display. Eine Geschwindigkeitsbegrenzung! Automatisches Überholen nach einem Blick auf einer deutschen Autobahn mit 130km/h bei all den Rasern und LKWs? Kaum realistisch.
8:52 vorm. · 27. Mai 2024

Warum ist laden nicht so einfach wie tanken? Man stelle sich vor: Um Tanken zu können, müsste man einen Vertrag mit einem Ölkonzern abschließen, aus dem sich dann der Preis ergibt, den man an der Zapfsäule bezahlen muss ... oder auch noch das Onlinepasswort für eine Kartenzahlung.
12:24 nachm. · 4. Aug. 2024

Heute gesehen: 50 Jahre Porsche 911 Turbo für 274.000€ mit 650 PS, in 2.7 s von 0 - 100km/h und max. 330km schnell. Zur

Erinnerung die ursprünglichen Werte: Preis: 34.691€, 26O PS, 0-100km/h in 5.5 s, 250km/h. Damals schwer beherrschbar, heute nur mit viel Elektronik fahrbar.

10:35 vorm. · 26. Aug. 2024

Wenn ein Unternehmen sich Volkswagen nennt, und dann - rein preislich betrachtet - keine Wagen mehr baut, die sich ein Volk leisten kann, muss man sich nicht wundern, wenn die Verkaufszahlen nicht mehr passen. Nur: Gespart werden sollte zunächst bei den verantwortlichen Leuten!

8:22 vorm. · 5. Sep. 2024

Bei der ständig zunehmenden Größe von Autos argumentieren die Hersteller gerne mit den Anforderungen des Weltmarkts. Das kann aber für Motorleistung, Höchstgeschwindigkeit und Beschleunigung nicht gelten, denn bei den fast überall geltenden Tempolimits genügen max. 130km/h.

12:56 nachm. · 8. Sep. 2024

Gedanken zum "Niedergang" der Automobilindustrie, aktuell vor dem Hintergrund, dass VW bis zu 30.000 Stellen abbauen könnte:

Die arme Automobilindustrie. Wenn man sich darauf verlegt, wenige Reiche mit überdimensionierten Luxusautos zu bedienen – sei es schiere Größe oder Motorleistung -, weil man so rein betriebswirtschaftlich betrachtet die größten Margen erzielen kann, kann das rechnerisch richtig sein. Eine solche Firmenpolitik führt aber zwangsläufig zu einer (drastischen) Reduzierung der Belegschaft, denn um wenige teure Autos mit großem Gewinn herzustellen muss man nur wenige Beschäftigte vorhalten.

Möchte man auch weiterhin gegenüber der Politik mit Arbeitsplätzen drohen können, dann benötigt man zunächst hohe Mitarbeiterzahlen, die man allerdings nur halten kann, wenn man massenfähige Produkte herstellt, also in diesem Fall Autos, die wirtschaftlich produziert und zu Preisen auf den Markt gebracht werden können, die von einer möglichst großen Zahl potentieller Kunden auch bezahlt werden können. Die derzeit angebotenen Leasingmodelle helfen da nicht wirklich weiter, haben höchstens ein statistisches Potential zur Verschönerung der Verkaufszahlen, wobei man bei Leasing ja eigentlich nicht von Verkauf sprechen kann, denn schließlich ist es nur eine Vermietung.

Will man viele Autos günstig produzieren und sucht nach Einsparungsmöglichkeiten, dann sollte man vielleicht auch an deren Größe denken, denn viel Karosseriefläche benötigt auch viel Material und einen ebensolchen Energieeinsatz, angefangen beim Blech über Lack bis hin zu Verkleidungsstoffen im Innenraum, und schafft unnötig viel Gewicht, das in Bewegung gebracht und gehalten werden soll. Dass Einsparungen in diesem Bereich ganz nebenbei auch ein Beitrag zum Klimaschutz wären (das ganze verbaute Material muss schließlich aus Rohstoffen + Energie zunächst hergestellt werden), sei hier nur am Rand erwähnt. Kleinere - und damit leichtere – Autos benötigen auch weniger Betriebsmittel, egal, ob Benzin, Diesel oder Strom. Ein weiterer Vorteil für Kunden und Umwelt.

… und jetzt bitte nicht wieder mit „Kundenwünschen" oder „Weltmarkt" dagegen argumentieren. Die Automobilindustrie steuert die Nachfrage auch über Werbung, also könnten sich die ach so genialen Mitarbeiter der Werbeabteilungen auch hierzu etwas passendes einfallen lassen.

Also: Baut wieder kleinere bezahlbare Autos und jammert nicht ständig. Die wirtschaftliche Misere haben hauptsächlich Management, Produktentwickler und Werbeleute zu verantworten, nicht die Belegschaft in der Produktion, nicht die Kunden und auch nicht (allein) die Politik!

5:11 nachm. · 19. Sep. 2024

Audi bringt wieder ein Auto auf den Markt, dass mit einer Motorleistung von bis zu 925 PS im öffentlichen Straßenverkehr eigentlich nichts verloren hat. Der RS e-tron GT

performance ist das, was die Übersetzung aus dem Französischen besagt: Ein "Kothaufen".
8:48 vorm. · 24. Sep. 2024

Warum sollte man dem Volkswagen-Konzern Steuergelder hinterherwerfen, wenn er es nicht schafft, seine Modellpalette so zu gestalten, dass sie den aktuellen Anforderungen genügt? Mit Rennwagen und riesigen Blechkisten lässt sich die individuelle Mobilität auf Dauer nicht sichern.
9:29 vorm. · 24. Sep. 2024

Wenn das Breitenwachstum neuer Automodelle immer mehr ausufert, dann sind zugeparkte Straßen die Konsequenz daraus, denn die lichte Breite von Garagentoren wächst nicht mit. Man kann sich natürlich das nächste Auto nach der Torbreite aussuchen, was die Auswahl aber begrenzt.
11:54 vorm. · 24. Sep. 2024

Eigentlich müssten Autohersteller (mit)haften, wenn Unfälle mit Autos passieren, deren Fahrleistungen einen durchschnittlichen Fahrer mental und physisch überfordern. Wenn jemand auf einer von mir entworfenen Treppe fällt, weil die Maße nicht stimmen, muss ich auch zahlen.
12:08 nachm. · 24. Sep. 2024

Der Smart #5 scheint ein völlig übermotorisiertes Entertainmentsystem zu sein, dass nun wirklich überhaupt nichts mehr mit der ursprünglichen Grundidee der Marke zu tun hat. Wie konnte sich Mercedes bloß dazu herablassen, sich an der Entwicklung dieses "Dings" zu beteiligen?
8:08 vorm. · 2. Okt. 2024

Eine Kaufprämie für E-Autos wird der deutschen Automobilindustrie nicht helfen, denn die hiesigen Unternehmen haben keine massentaugliche Modellpalette. Zu teuer!
10:34 vorm. · 22. Okt. 2024

Wenn jemandem mit viel Fahrpraxis auf dem Beifahrersitz eines #Tesla übel wird und ein anderer Mitfahrer später über Nackenschmerzen, verursacht durch die extremen Beschleunigungskräfte, klagt, zeigt das, dass Autoentwickler keine Rücksicht mehr auf das Menschenmögliche nehmen.
9:31 vorm. · 24. Okt. 2024

Auch deutsche Autos könnten billiger werden, wenn sie nur für max. 130 km/h gebaut werden müssten. Ich gehe nicht davon aus, dass alle anderen Hersteller ihre Fahrzeuge für die deutsche Autobahnraserei auslegen. Da zählt wohl mehr der Weltmarkt ... mit Tempolimits.
9:46 vorm. · 27. Okt. 2024

Eigentlich komisch: Im Rennbetrieb müssen Kopf und Nacken geschützt werden. Auf öffentlichen Straßen ist das nicht erforderlich, obwohl manche Autos über Fahrleistungen verfügen, die deutlich über die von Rennwagen hinausgehen. Sehr gefährlich für Beifahrer und Hinterbänkler!
9:55 vorm. · 27. Okt. 2024

Ich würde mir nie ein Auto aus chinesischer Produktion kaufen, denn in meinem Hinterkopf steckt noch die im Rahmen einer Konferenz getätigte Aussage, dass vor einige Jahren Bremsbelagskopien aus Kuhmist verkauft wurden. Optisch ok, aber nicht funktionsfähig und sehr gefährlich.
11:24 vorm. · 27. Okt. 2024

Welchen VW kann sich ein Durchschnittsverdiener heute überhaupt noch leisten? Die Entscheidung von VW weg von Volks-Wagen hin zu Modellen, die in Konkurrenz zu denen anderer Marken im eigenen Konzern stehen (auch und besonders im oberen Preissegment) konnte nicht gut ausgehen.
9:51 vorm. · 30. Okt. 2024

VERSCHIEDENES

Kurz zur Diskussion um ein Interview: Anstand und Moral zeigen sich am Verhalten und sind nicht direkt proportional zum Kontostand ... und ein Fußballspiel endet erst mit dem Schlusspfiff. Also hat ein Reporter keine 90 Minuten Zeit, sich aktuelle Fragen zum Spiel zu überlegen.
10:13 vorm. · 2. Juni 2022

Wenn just an dem Tag, an dem die Pflegekasse mitteilt, dass es keine Pflegestufe gibt, ein Anruf einer Maklerin kommt, ob das Haus der betreffenden Person zu verkaufen sei, stellt sich doch die Frage nach einer möglichen Verbindung: Leistung verweigert = Finanzproblem = Verkauf
8:21 vorm. · 25. Juni 2022

Wenn bewusst Ausgetretene den kirchlichen Segen zur Eheschließung bekommen, verkommt die Kirche dann nicht zum "Eventveranstalter"? Wie soll jetzt ein Dorfpfarrer handeln, wenn eine Anfrage von "gewöhnlichen" Paaren eingeht? Nein geht kaum noch, wenn Obere Ja bei Promis sagen.
9:59 vorm. · 11. Juli 2022

Nachdem ich durch gendergerechte Sprache vom Paten zum "leichten Schlag" wurde, frage ich mich, ob sich Diverse tatsächlich durch einen Fremdkörper im Wort (:*_) und ein verbales Nichts mehr berücksichtigt fühlen. Sollten nicht Artikel und Grammatik genderfrei vereinfacht werden?
11:03 vorm. · 24. Juli 2022

Müssen die Hersteller von Feuerwerkskörpern eigentlich eine Haftpflichtversicherung für Personen-, Sach- und Umweltschäden haben, die durch Ihre "Waffensysteme" verursacht werden? Ein dickes Ding hatte ich schon gut 4 Stunden vor dem Jahreswechsel direkt vor der Haustür gefunden.
11:56 vorm. · 1. Jan. 2023

Wenn jemand dieses Teil (*Rest einer Silvesterrakete samt Stock*) auf den Kopf bekommen hätte, wäre der nächste Einsatz eines Rettungsdienstes gesichert gewesen. Denken die Hersteller solcher "Nachbarschaftskriegsgeräte" eigentlich darüber nach, was da als Müll vom Himmel fällt?
12:00 nachm. · 1. Jan. 2023

To all those who are killing in the "name of God": Did you ever realize, that Jews, Christians and Muslims believe in the same God? It's just in a different way by rules made by humans. Do you believe that God wants humans to kill humans in his name? Do you think He is so stupid?
An alle, die im „Namen Gottes" töten: Ist euch jemals bewusst geworden, dass Juden, Christen und Muslime an denselben Gott glauben? Nur auf unterschiedliche Weise, durch von Menschen gemachte Regeln. Glaubt ihr, dass Gott will, dass Menschen in seinem Namen andere Menschen töten? Denkt ihr, dass er so dumm ist?
2:51 nachm. · 9. Jan. 2023

Bevor man Hausbesitzer und Mieter mit immer neuen Auflagen zur Energieeinsparung finanziell in die Knie zwingt, sollte man lieber all den digitalen Unsinn verbieten, der völlig sinnbefreit Unmengen Strom frisst und Arbeitszeit vernichtet, wie z.B. Cookies, Spammails, Werbung ...
9:34 nachm. · 19. März 2023

Warum nicht eine CO_2-Abgabe auf Spielekonsolen und Computerspiele? Deren Herstellung und Nutzung frisst auch jede Menge Energie und Rohstoffe. Maßnahmen gegen den Klimawandel werden nie wirklich Spaß machen, sind aber unbedingt notwendig ... jetzt, und nicht später.
10:02 vorm. · 20. März 2023

Wenn ganze Kraftwerke zum "Spielen" mit digitalen Währungen laufen müssen, kann man Gewinne aus solchen Spekulationen nicht hoch genug besteuern. Wer hier mitmacht, sollte das Wort Klimaschutz nie über seine Lippen kommen lassen.

10:08 vorm. · 20. März 2023

Es könnte wahrscheinlich sehr viel Energie und CO_2 eingespart werden, wenn dieser ganze #Werbemüll per Email nicht um die Welt ginge. Arbeitszeit kann auch sinnvoller eingesetzt werden, als ständig solche Emails löschen zu müssen ... auch wenn sie schon im Spameingang landen.

4:15 nachm. · 14. Apr. 2023

Es gibt immer noch Leute, die ihr Geld zum (Auto-) Fenster rausschmeißen. Die Pfanddose lag heute vor meinem Haus auf der Straße. Da lohnt sich das Aufheben.

10:37 nachm. · 5. Mai 2023

REWE verabschiedet sich vom Papierprospekt und schreibt, man spare damit 73.000 t Papier und 70.000 t CO_2. Ich glaube nicht, dass man bei dem CO_2-Wert die Erzeugung der notwendigen Strommenge berücksichtigt hat, die zur Verbreitung des Datenmülls benötigt wird.

11:41 vorm. · 4. Juni 2023

Wann kann man endlich die Softwareunternehmen für die Schäden haftbar machen, die sie mit ihren Programmen verursachen. Bei mir startet ein Laptop nach einem völlig überflüssigen und ungewollten Update nicht mehr. Den Verlust an Arbeitszeit ersetzt mir wieder niemand.

4:01 nachm. · 9. Juli 2023

Soll Sprache eigentlich als möglichst einfaches und unmissverständliches Medium der Kommunikation möglichst vieler Menschen dienen, oder ein Mittel der Selbstdarstellung und -verwirklichung sein?

8:42 vorm. · 2. Aug. 2023

Gestern wurde im Fernsehen die letzte Rechtschreibreform mit Gendern verglichen. Erstere sollte Vereinfachungen für die Allgemeinheit bewirken. Sonderzeichen- und Sprechpausen-Gendern macht Sprache auf der Basis "individueller Empfindlichkeiten" leider komplizierter.
8:50 vorm. · 2. Aug. 2023

Wenn man eine umfassende sprachliche Gleichstellung erreichen möchte, sollte man darüber nachdenken, wie man männliche und weibliche Formen auf eine einzige neutrale reduzieren kann (= ein Artikel, eine Endung). Eine solche Veränderung machte Deutsch nebenbei leichter erlernbar.
8:54 vorm. · 2. Aug. 2023

VORSICHT PROVOKATION:
Zur Blackfacing-Diskussion in Verbindung mit den Heiligen 3 Königen: Wir reden hier von der symbolischen Darstellung dreier gleichberechtigter Herrscher, nicht von 2 weißen Königen und einem „dunkel pigmentierten" Diener, wobei real keiner der drei Könige ein „Weißer" gewesen sein wird. Wenn man natürlich diesen Akt der Gleichstellung unterschiedlicher Hautfarben unter dem Vorwand des Blackfacings und des Rassismus aus der allgemeinen Wahrnehmung verbannen möchte, sollte man vielleicht darüber nachdenken, welcher Denkansatz der schlimmere ist. Soll danach vielleicht auch darüber gestritten werden, ob Mädchen männliche Könige darstellen dürfen, weil dies nicht genderkorrekt ist und mentale Spätfolgen bei den betroffenen Kindern auslösen könnte? Sollte man die Aktion des Kindermissionswerk ‚Die Sternsinger' dann nicht besser ganz aufgeben, damit sich kein Individuum irgendwo in irgendeiner Art davon negativ betroffen fühlt?
2:55 nachm. · 6. Jan. 2024

Vielen Dank an HP. Durch das Verfalldatum von Tintenpatronen und die Ignoranz des Plotters gegen die Einstellung, abgelaufene Patronen weiter zu verwenden, werfe ich jede

Menge Geld in den Müll. Auch die Umwelt bedankt sich. Ein ganz tolles Geschäftsmodell.

11:51 vorm. · 17. Feb. 2024

> Ich durfte wieder eine zu 70% gefüllte Patronen meines HP-Plotters auswechseln, weil das Verfalldatum überschritten war. Es gibt zwar die Möglichkeit, die Betriebssoftware des Plotters zu „überstimmen", nur interessiert er sich nach dem nächsten Ausdruck nicht mehr für meine Eingabe.

I'm sure that many religious leaders will be very surprised when they end up in hell instead of paradise because they are following their own will and not the will of God or however they are calling him. They keep on misusing His name for increasing their own power.

Ich bin sicher, dass viele religiöse Führer sehr überrascht sein werden, wenn sie in der Hölle statt im Paradies landen, weil sie ihrem eigenen Willen folgen und nicht dem Willen Gottes oder wie auch immer sie ihn nennen. Sie missbrauchen seinen Namen weiterhin, um ihre eigene Macht zu vergößern.

11:17 vorm. · 9. Mai 2024

gefunden in: Naomi Klein "Die Entscheidung Kapitalismus vs. Klima"

„Ich bin davon überzeugt, dass unser Volk eine radikale Revolution der Werte vornehmen muss, wenn es sich auf die richtige Seite der Weltrevolution stellen will. Wir müssen schnell damit anfangen, von einer „sachorientierten" zu einer „personenorientierten" Gesellschaft zu kommen. Wenn Maschinen und Computer, Profitbestrebungen und Eigentumsrechte für wichtiger gehalten werden als die Menschen, dann wird die schreckliche Allianz von Rassenwahn, Materialismus und Militarismus nicht mehr besiegt werden können."

-    Martin Luther King jr., „Jenseits von Vietnam", 1967

11:07 vorm. · 19. Mai 2024

Gaza shows what happens if AI is used for warfare. Humans are just things like houses, but with a quite low value. It's a kind of forecast for what will happen all over the world in the future.

Gaza zeigt, was passiert, wenn KI für Kriegszwecke eingesetzt wird. Menschen sind nur Dinge wie Häuser, aber mit einem ziemlich geringen Wert. Es ist eine Art Vorhersage für das, was in Zukunft überall auf der Welt passieren wird.
11:04 vorm. · 29. Mai 2024

Die Führungsebene des BVB sollte sich ernsthaft fragen, wofür ein Rüstungskonzern "reichweitenstarke Werbeflächen" im Umfeld eines Fußballvereins benötigt. Kunden unter den Zuschauern wird er damit wohl kaum gewinnen können, aber Unmut von Fans provozieren. Keine gute Idee!
1:22 nachm. · 31. Mai 2024

Noch einen schönen Gruß an den Anrufer mit der Rufnummer 0041 4450 35738. Manchmal ist es besser, man hat aufgelegt, bevor man den zuvor Angerufenen bei einer anderen Person "negativ bewertet".
5:04 nachm. · 3. Juli 2024

Wenn die Islamisten, die sich ach so sehr auf den Koran berufen, konsequent wären, dann würden sie auf all die Erfindungen der "Ungläubigen" verzichten, wie z.B. Flugzeuge, Raketen, Autos, das Internet, Mobiltelefone ... Gläubig sind diese Typen in keiner Weise, nur brutal.
10:07 vorm. · 11. Sep. 2024

Ein paar "unqualifizierte" Gedanken zu Israel, Hamas und Hisbollah:

Es kann als unbestritten erachtet werden, dass das, was im Moment in Gaza und im Libanon geschiegt unmenschlich ist. Ein Vergleich mit den von den deutschen Nazi-Führern und deren Gefolgsleuten zu verantwortenden Handlungen vor und während des 2. Weltkriegs verbietet sich aber, denn die Nazis hatten sich die Ausrottung der Juden zum Ziel gesetzt. Die israelische Armee hingegen hat zum Ziel, eine ständige islamistische Terrorbedrohung ihres Volkes umfassend zu reduzieren, möglichst zu beenden, also ihr Volk zu schützen. Dass es im Rahmen der kriegerischen Auseinandersetzung zu so vielen zivilen Opfern kommt, ist nicht zu entschuldigen, hat aber auch Gründe, die nicht allein bei der israelischen Armee zu suchen sind. Ich kann mir nicht vorstellen, dass die israelische Regierung das Ziel ausgegeben hat, ganze Staaten zu vernichten, wie es der Iran mit Blick auf Israel immer wieder verkündet, und seine Handlanger – wie u.a. die Hamas und die Hisbollah – mit seiner permanenten Hassrhetorik zu Aktionen anstachelt, die niemandem in der Region wirklich nützen. Immer wieder sorgen die geistlichen iranischen Oberen ganz bewusst dafür, dass in einem Wespennest herumgestochert wird, damit ja keine Ruhe in der Region einkehren kann.

Der wesentliche Grund für die aktuellen israelischen Aktionen, auch wenn sie noch so überzogen erscheinen, liegt ein Jahr zurück, denn am 07. Oktober 2023 hat die Hamas mit ihrem Überfall auf Israel dafür gesorgt, dass die israelische Armee losgeschickt wurde, um eben jene Hamas zu vernichten. Seitens Hamas wurden damals keine militärischen Ziele angegriffen, sondern gezielt Zivilpersonen misshandelt, getötet und als Geiseln genommen, ein Verhalten, dass man in Verbindung mit einer Armee aufs Schärfste verurteilt hätte. Bemerkenswert ist in diesem Zusammenhang, dass ausgerechnet der damalige Führer der Hisbollah Kriegsverbrechen der israelischen Armee anzuprangern versuchte, von Selbstreflexion keine Spur.

Die Feigheit der Hamas und auch der Hisbollah gipfelt darin, dass sie aus Tunneln, die unter bewohnten Gebieten verlaufen, oder auch aus öffentlichen und privaten Gebäuden heraus agiert. Man nimmt so billigend in Kauf, dass es im Verlauf kriegerischer Auseinandersetzungen zwangsläufig zu einer hohen Zahl an zivilen Opfern kommt. Man versucht, die eigene Bevölkerung (und nicht nur die) oder auch Geiseln ganz bewusst als Schutz vor Bomben und Raketen einzusetzen. Man spekuliert darauf, dass humaner eingestellte Gegner in einem solchen Rahmen auf den Einsatz zerstörerischer Waffen weitestgehend verzichten. Wie mit Blick auf die Hisbollah deutlich wird, schreckt man nicht einmal davor zurück, selbst die Bewohner eines fremden Landes – hier des Libanon – für die eigenen Zwecke zu missbrauchen und zu opfern. „Blöd", dass im Moment eine Regierung in Israel an der Macht ist, deren moralische Hemmschwelle für den Einsatz von Waffen deutlich geringer ist, als in manchen vorhergehenden Jahren.

Nebenbei: Das Geld, dass für den Bau von Tunneln und die Anschaffung von Raketen und Munition bisher schon verschwendet wurde, hätte mit Sicherheit an anderen Stellen einen wesentlich höheren Beitrag zum Wohlergehen der eigenen Bevölkerung leisten können.

Verfolgte man Frieden als Ziel aller politischen Bemühungen, dann müssten Hasspredigten auf beiden Seiten in religiösen und weltlichen Einrichtungen endlich aufhören, denn wenn man Kindern von Geburt an Hass lehrt, kann man später kein friedliches Nebeneinander erwarten. Das gilt für israelische Siedler, die ihre Kommunen ohne jegliche Genehmigung auf fremdem Staatsgebiet errichten, und sich dann dort zu allem Überfluss wie die Axt im Walde benehmen, ausdrücklich auch!

Die Gewaltspirale könnte erst dann unterbrochen werden, wenn die radikalen Geistlichen endlich aufhören würden, Koran, Tora und Bibel so auszulegen, wie es ihrem weltlichen Größenwahn entspricht. Wenn man den Koran liest, wird man schnell feststellen, dass Moslems, Juden und Christen an denselben GOTT glauben, nur eben vor dem Hintergrund eigenen Erlebens etwas anders. Niemand kann also behaupten, dass Kriege untereinander von GOTT gewollt wären. ... und es ist wirklich gut, dass kein Mensch mit teilweise äußerst verquerten egoistischen Ansichten darüber zu bestimmen hat, wer ins „Paradies" kommt. Viele Gläubige werden sich wahrscheinlich noch wundern …

2:28 nachm. · 3. Okt. 2024

Die Leute, die meinen, mit fliegenden Flaschen und brennenden Reifen in Deutschland für Palästina demonstrieren zu müssen, erreichen damit das genaue Gegenteil von dem, was sie sich eigentlich zu wünschen scheinen, denn das Image der Palästinenser wird so leider immer negativer.

10:10 nachm. · 8. Okt. 2024

Durch die Auslagerung des Denkens vom eigenen Hirn ins Smartphone geht die Phantasie für Innovationen immer mehr verloren. KI wird diesen Vorgang weiter beschleunigen.

11:53 vorm. · 25. Okt. 2024

KI ist im Prinzip nur eine schnelle Suchmaschine mit ein paar zusätzlichen Verknüpfungen. Sie kann daher nur gestrige Lösungen liefern. Phantasie lässt sich nicht programmieren.

10:02 vorm. · 27. Okt. 2024

Alle Hacker, die über etwas Empathie mit der Menschheit und unserer einzigen Erde verfügen, sollten die Befehlsstrukturen menschenverachtender Systeme, wie z.B. dem Putins, schnellst möglich lahmlegen. Kein Mensch sollte wegen des Größenwahns solcher Spinner sterben müssen.

7:27 vorm. · 29. Nov. 2024

Es scheint so, als würden nur noch extrem reiche Leute mit narzisstischen Persönlichkeitsstörungen Staatenlenker werden, die in dieser globalen Welt ihre egoistischen, wirren und gefährlichen Ideen ausleben wollen. Solche Typen bringen die Menschheit immer dichter an den Abgrund.

10:02 vorm. · 29. Nov. 2024

ZUM SCHLUSS

Die hier veröffentlichten „Kurznachrichten" sind überwiegend sehr spontan entstanden. Vor- und Nachtexte zu einigen Posts dienen dazu, deren Auslöser grob zu vermitteln.

Übersetzungen habe ich nachträglich ergänzt. Mein Dank gilt https://translate.google.com für den Zeitgewinn, denn ohne dieses Online-Hilfsmittel hätte es deutlich länger gedauert, die Übersetzungen in den Text einzupflegen.

Ansonsten kann ich mich an dieser Stelle eigentlich nur bei den Menschen und Institutionen bedanken, die durch ihre öffentlichen bzw. veröffentlichten Aktionen und Aussagen dieses Buch überhaupt ermöglicht haben.

Ach so: Bedanken möchte ich mich auch noch bei Campino, der mich mit seinem Buch „Kästner, Kraftwerk, Cock Sparrer" erst auf die Idee gebracht hat, bereits Verwendetes in ein Buch zu packen.

Und besonders bedanken möchte ich mich an dieser Stelle noch bei den Lesern, die sich mein Buch besorgt und es bis an diese Stelle geschafft haben.

QUELLEN

Deutschland

https://afd-brandenburg.de/regierungsprogramm-landtags-wahl-2024-wahlprogramm/

https://www.afd.de/wp-content/uplo-ads/2023/12/AfD_EW_Programm_2024.pdf

https://www.afd.de/wp-content/uploads/2023/05/Pro-gramm_AfD_Online_.pdf

USA

John Bolton
„The Room Where It Happened", Simon & Schuster, 2020

James Comey
„Größer als das Amt", Droemer Verlag, 2018

Michael D'Antonio
„The Truth About Trump", St. Martin's Press, 2016

Philip Gorski
„Am Scheideweg", Verlag Herder GmbH, 2020

David Cay Johnston
„Die Akte Trump", Ecowin Verlag, 2016

Bandy Lee
„The Dangerous Caes Of Donald Trump", St. Martin's Press, 2017

Omarosa Manigault Newman
„Unhinged", Simon & Schuster, 2018

John McCain
„The Restless Wave", Simon & Schuster, 2018

Rick Reilly
„Commander In Cheat", Hachette Books, 2019

Mary L. Trump
„Too Much and Never Enough", Simon & Schuster, 2020

J.D. Vance
„Hillbilly Elegy", HarperCollins, 2016

Stephanie Winston Wolkoff
„Melania and Me", Simon & Schuster, 2020

Michael Wolff
„Fire and Fury", Henry Holt and Company, 2018

Bob Woodward
„Fear", Simon & Schuster, 2018

Bob Woodward
„Rage", Simon & Schuster, 2020

Bob Woodward
„Krieg", Carl Hanser Verlag GmbH, 2024

Osteuropa

Catherine Belton
„Putins Netz", HarperCollins, 2022

Alexej Nawalny
„Patriot", S. Fischer Verlag, 2024

Verschiedenes

Naomi Klein
„Die Entscheidung Kapitalismus vs. Klima", S. Fischer Verlag GmbH, 2015

Kapitelübergreifend

American Psychiatric Association
„Diagnostic and Statistical Manual of Mental Disorders DSM-IV", American Psychiatric Association, 1994

American Psychiatric Association
„Diagnostisches und Statistisches Manual Psychischer Störungen DSM-V", Hogrefe Verlag GmbH & Co. KG, 2018

Siegener Zeitung